DIE REIHE
Archivbilder

EIN HISTORISCHER SPAZIERGANG ZWISCHEN ALT-MICKTEN UND ÜBIGAU

Jürgen Naumann

SUTTON
VERLAG

Ein Luftbild aus den 1930er-Jahren zeigt die Situation zwischen Übigau-Kaditz und Cotta. Die eben erst fertiggestellte Flügelwegbrücke verbindet die Stadtteile. Darüber, unmittelbar vor dem Elbbogen, ist das Becken des Alberthafens in seiner ursprünglichen Größe zu sehen. Im Elbbogen ankern die Schiffe gegenüber der Übigauer Werft.
Walter Hahn (Repro: SLUB, Deutsche Fotothek)

Sutton Verlag GmbH
Hochheimer Straße 59
99094 Erfurt
www.suttonverlag.de

ISBN: 978-3-86680-703-7

Druck: Druckhaus „Thomas Müntzer" | Bad Langensalza

Titelbild: Das Dorf Übigau liegt unmittelbar an der Elbe auf einer vor Hochwasser geschützen Anhöhe, die in früheren Zeiten den Namen Tränke hatte, weil die Bauern hier ihr Vieh zum Fluss treiben konnten. Das Haus im Hintergrund (links) gehörte früher der Familie Schumann, die es aber später verkaufte. Ob diese auf dem Foto zu sehen ist, lässt sich leider nicht feststellen.

Inhaltsverzeichnis

Danksagung

Gut Ding will Weile haben, so sagt man. Doch wie viel Zeit braucht man dann wirklich für die Erstellung eines Buches wie dieses, das Sie nun in den Händen halten? Letztlich reicht die Zeit nie wirklich, gäbe es immer noch Material zu sichten und Neues zu recherchieren. Dass das Buch nun vorliegt, verdanke ich vor allem der Geduld und Beharrlichkeit meiner Lektorin beim Sutton Verlag Antje Beyer. Ihr gebührt an dieser Stelle zuerst ein ganz besonderer Dank. Der zweite geht an den Sutton Verlag selbst, der hiermit seinen ersten Dresdner Band der beliebten *Reihe Archivbilder* herausbringt. Die Erwartungen der Leser werden sicher nicht enttäuscht.

Ein weiterer Dank gilt all den ehemaligen und Noch-Übigauern, die mir neben vielen Materialien auch zahllose Informationen gaben, die dieses Buch erst möglich machten. An erster Stelle möchte ich *Günther Stäglich* aus Dresden nennen, der mir die Familiengeschichte seiner Pflegeeltern Johanne und Carl Dietrich erzählte und so die unzähligen Fotos, die er zur Verfügung stellte, zum Leben erweckte. Gleiches gilt für *Vera Härtig* aus Übigau, die die Geschichte der Übigauer Kindereinrichtungen, in denen sie selbst seit vielen Jahrzehnten tätig ist, aufschrieb. Auch bei Frau *Sonja Büchner,* Dresden-Johannstadt, will ich mich ausdrücklich bedanken. Sie konnte nicht nur aus ihrer Lehrerzeit an der Übigauer Schule berichten, die kurz nach dem Krieg begann und 1961 endete, sie hatte ebenfalls ein ganzes Fotoalbum parat, in dem vieles festgehalten war, was sonst vergessen wäre. Dank geht auch an den Übigauer *Peter Gellner,* der viele Informationen zur Übigauer Industrie- und Ortsgeschichte gab. Nicht vergessen möchte ich auch die Mitarbeiterinnen und Mitarbeiter des Dresdner Stadtarchivs, die mich bei meinen Recherchen unterstützten.

Leider können hier nicht alle genannt werden, die Material und Informationen zur Verfügung stellten. Besonders möchte ich mich aber noch bei *Siegfried Jungmann, Rolf Häwert, Edward Güldner, Hermann Niendorf, Klaus Rahnfeld, Gabriele Riedel, Brigitte Schumann und Peter Mende* bedanken.

Einleitung

Als ich im Frühjahr 1988 erstmals nach Übigau kam, war mir der Ort fast unbekannt. Ich wusste lediglich von dem Schloss, in dem Prof. Schubert 1838/39 die erste deutsche Lokomotive gebaut hatte. Schubert war gebürtiger Wernesgrüner (Vogtl.). Dorthin hatte ich inzwischen familiäre Bande, sodass sein Name mir ebenfalls vertraut war.

Außerdem gab es in Übigau auch ein Kulturhaus, das TuR gehörte und für das ich jetzt verantwortlich sein sollte. TuR und Übigau – das gehörte zusammen.

Viel Zeit, mein Wissen über den Ort zu erweitern, hatte ich nicht, denn mit den politischen Veränderungen nach 1989 wurde nicht nur TuR – aus dem VEB war inzwischen eine GmbH geworden –, sondern auch das Kulturhaus abgewickelt.

Das Schloss aber und seine Geschichte ließen mich fortan nicht mehr los. Als es ab 1993 zusehends verfiel, versuchte ich verstärkt darauf aufmerksam zu machen, welcher Schatz da steht. Leider vergebens. Im Frühjahr 2005 stand der Wahlübigauer Heinz Scholz in meinem Büro und beklagte sich über den „skandalösen Zustand" des Übigauer Schlosses. Nach kurzer Zeit waren wir uns einig und gründeten die Bürgerinitiative (BI) Schloss Übigau, aus der im Jahr darauf ein eingetragener gemeinnütziger Verein wurde. Nun standen sowohl Schloss Übigau als auch seine spannende Geschichte im Mittelpunkt des öffentlichen Interesses. Der Verein löste sich Ende 2009 auf – ein riesiges Archiv mit Fotos, Büchern und Hinweisen, die Dresdner, auch zahlreiche „Ehemalige", dem Verein überlassen hatten, blieb zurück. Das sollte natürlich keinesfalls auf dem Müll landen.

Vor Jahren, noch als verantwortlicher Redakteur der „Trachauer Bürgerzeitung", einer Stadtteilzeitung im Dresdner Nordwesten, bat mich ein Leser, ihn und seine Geburtstagsgäste durch Mickten und Übigau zu führen. Seit vier Jahren finden diese Stadtteilführungen nun regelmäßig einmal im Monat statt. Darüber hinaus habe ich Dresdner, Micktener, Übigauer und deren Gäste bei zahlreichen Anlässen wie Geburtstagen, Klassentreffen oder Firmenfeiern begleitet. Dabei erzähle ich über Altmickten, den Dorfkern, der nur 120 Meter von Altübigau entfernt auf der gleichen hochwasserfreien Anhöhe am Elbufer liegt, auf der bis zum 16. Jahrhundert zwischen beiden auch noch eine dritte Siedlung – Bortzschen – lag. Da die Dörfer Übigau und Mickten ganz unmittelbar benachbart sind, haben sie sich weitgehend gleich entwickelt. Die Grenzen beider Stadtteile entlang der Scharfenberger Straße und Rauchstraße sind heute nicht mehr bewusst, zumal Mickten durch die Flutrinne in zwei Siedlungszentren geteilt ist.

Ein solcher Rundgang ist auch für mich immer wieder spannend, werden mir doch persönliche Erlebnisse erzählt, erfahre ich Wissenswertes, das in keinem Archiv zu finden ist und mir werden Materialien, Bilder, manchmal ganze Fotoalben übergeben. So hat meine private Sammlung zur Geschichte der Stadtteile mittlerweile einen beachtlichen Umfang erreicht. Hinzu kommen die Unterlagen, die viele Mitarbeiter in mehreren Beschäftigungsmaßnahmen der Bürgerinitiative (BI) Schloss Übigau e. V. unter meiner Leitung zusammengetragen haben oder die dem Verein von Dresdnern und Ehemaligen übergeben wurden.

Immer wieder werde ich gefragt, ob es all das, was ich den Teilnehmern der Rundgänge berichte, nicht auch in gedruckter Form gibt. Bisher musste ich stets verneinen. Mit dem vorliegenden Buch habe ich einen ersten Versuch unternommen, diesem Wunsch nachzukommen.

Ergänzt habe ich das vorhandene Material mit weiteren Aufnahmen, die verschiedene Archive und Museen zur Verfügung stellten.

Herausgekommen ist ein historischer Rundgang durch die zwei Orte, die seit über 100 Jahren Dresdner Statteile sind. Auch Aspekte, die bei der Stadtteilführung aus Zeitgründen keine Rolle spielen können, sind Teil der Bilderreise. Trotzdem können nicht alle Facetten berücksichtigt werden. Das Buch erhebt keineswegs Anspruch auf Vollständigkeit, sondern will all diejenigen erfreuen, die an den historischen Aufnahmen und den mit ihnen verbundenen Geschichten interessiert sind.

Eine ausführliche Darstellung der Geschichte der Stadtteile Mickten und Übigau bleibt weiteren Publikationen vorbehalten.

Jürgen Naumann

Bildnachweis

Archiv Sonja Büchner: S. 48 o, 48 u, 49 o, 49 u, 51 u, 52 o, 52 u; **Archiv Peter Gellner:** S. 76 u, 96, 113 u, 114 o; **Archiv Werner Grimm:** S. 60 o; **Archiv Edward Güldner:** S. 18 u, 20 o, 20 u, 21 o, 21 u; **Archiv Vera Härtig:** S. 56 o, 56 u, 57; **Archiv Rolf Häwert:** S. 2, 18 o, 19 o, 19 m, 19 u; **Archiv Peter Mende:** S. 17 u, 26 u, 66 u, 115 o, 115 u, 116 u, 124; **Archiv Jürgen Naumann:** S. 9, 12, 15 o, 15 u, 17 o, 22 o, 22 u, 26 o, 33 o, 68 o, 82 o, 85 u, 90 u, 102 o, 120 o, 127; **Archiv Jürgen Naumann, Sammlung TuR:** S. 28 o, 28 u, 29 o, 29 u, 30 o, 30 u, 31 o, 31 u, 32 o, 32 u, 72 o,72 u; **Archiv Fam. Oefler:** S. 63 o, 63 u; **Archiv Klaus Rahnfeld:** S. 120 u; **Archiv Heinz Schnabel:** S. 111 o; **Archiv Schneider:** S. 61 o, 62 o, 85 o; **Archiv Brigitte Schuster:** S. 47 o, 67 o; **Archiv Günther Stäglich:** S. 24 u, 27 o, 27 u, 33 u, 50 o, 50 u, 51 o, 53 o, 53 u, 54 o, 55 o, 55 u, 92 o; **Archiv Harald Taupitz:** S. 125 u; **Walter Hahn (Repro: SLUB, Deutsche Fotothek):** S. 4; **Manfred Hammer:** S. 11 u; **Frank Hirche, Dresden/Radebeul:** S. 112 u; **Jürgen Naumann:** S. 78 u, 118 u; **Gerhardt Pampel:** S. 40 u, 118 o, 119 u; **Willi Rahnfeld:** S. 79 o, 79 u, 80 u, 113 o, 119 o; **Dr. Gernot Schumann:** S. 76 o; **Jörg Sniegon:** 126 u; **Günther Stäglich:** S. 54 u, 58 o, 58 u, 59 o, 59 u; **Asmus Steuerlein (Repro: SLUB):** S. 23 u; **Archiv BI, Sammlung DKÜ:** S. 107 o, 107 u, 108 o, 108 u, 109 o, 109 u; **Archiv BI, Sammlung Jungmann:** S. 104 o, 104 u, 105 o, 105 u, 106 o, 106 u, 117 u; **Archiv BI, Sammlung Knorr:** S. 42, 45 u, 46 u, 47 u, 61 u, 64 o, 116 o, 121 u; **Archiv BI, Sammlung Niendorf:** S. 25 o, 25 u, 60 u, 86/87; **Archiv BI, Sammlung Riedel:** S. 13 o, 24 o, 62 u, 64 u, 65 o, 65 u, 99 o, 102 u, 126 o; **Archiv BI, Sammlung Schneider:** S. 67 u, 69 o, 69 u, 70 o, 70 u, 71 o, 71 u; **Archiv BI, Sammlung Thomas und Franziska Braun:** S. 93 o, 93 u, 94 o, 94 u; **Archiv BI, Sammlung Wilhelm:** S. 66 o, 95 o, 95 u; **Archiv Brauhaus Watzke:** S. 16 o, 16 u; **Archiv Laurentiusgemeinde:** S. 11 o, 14_1, 14_2, 38 u, 68 u; **Gemeindeverwaltung Steinberg/V.:** S. 83, 84 o, 84 u; **Sächsisches Landesamt für Archäologie:** S. 36; **SKD, Kupferstichkabinett:** S. 74 u; 75 o; **SLUB, Deutsche Fotothek:** S. 75 u; 78 o; **Staatsarchiv Dresden:** S. 73; **Stadtarchiv Dresden:** S. 13 u; **Städtische Galerie Dresden:** S. 81o; **Stadtmuseum Dresden (Repro: SLUB):** S. 23; **Stadtplanungsamt Dresden:** S. 44 u, 45 o, 97 o; **TU Dresden, Universitätsarchiv:** S. 88; **Verkehrsmuseum Dresden:** S. 110 o, 110 u, 111 u, 112 o; **Wirtshaus Lindenschänke GmbH & Co KG:** S. 123; **Archiv BI:** S. 10 o, 34, 35 o_1, 37, 38 o, 39, 40 o, 41, 43, 44 o, 74 o, 81 u, 82 u, 89, 90 o, 91, 92 u, 97 u, 98, 99 u, 100, 101, 103, 114 u, 117 o, 121 o, 122, 125 o.

1

Geschichte des Dorfes und Stadtteils Mickten

1378 erstmals urkundlich als „Migtin" erwähnt, ist die Ortsbezeichnung Micktens wahrscheinlich slawischen Ursprungs und leitet sich vom Namen eines Ortsgründers ab. Es könnte aber auch eine Gründung deutscher Siedler sein. Der auf einer Talsanddüne am Ufer der Elbe gelegene und zu einem Platzgassendorf erweiterte Rundling entwickelte sich aus einer Wagenburg. Mickten gehörte zum Verwaltungsbezirk des Amtes Dresden und zinste dem Markgrafen. Die Grund- und Gerichtsherrschaft lag aber beim Bistum Meißen, das um 1764 zeit- oder teilweise auch die Oberherrschaft ausübte. Eigentümer des Vorwerks war 1421 eine Familie von Ziegler, 1468 der Bischof von Meißen. Seit der Reformation lag die Grund- und Gerichtsherrschaft beim Prokuraturamt Meißen. 1402 hieß das heutige Mickten Großmickten, im Unterschied zu dem zwischen Großmickten und Pieschen gelegenen Kleinmickten. Als Letzteres nach 1529 wüst wurde, fielen seine Felder beidseits der heutigen Lommatzscher und Sternstraße an Großmickten. Seit 1551 wird nicht mehr zwischen den Orten unterschieden. Für 1414 ist erstmals die Existenz von Weinbergen in der Dorfflur belegt. Später besaßen die Bauern auch Weinberge in Oberlößnitz zwischen Straken und Fiedlergrund. Das Zusammenleben der Gemeinschaft war u.a. in den 1628 erstmals erwähnten „Rügen von Mickten" geregelt, die ortspolizeiliche Vorschriften über die Unterhaltung der Wege, das Errichten von Zäunen um das Dorf und die Wiesen, das Hüten des Viehs und den Verkauf von Wein und Bier enthalten. Das Gemeindesiegel von 1764 zeigt eine Pflugschar im Gras mit zwei Blümchen über gekreuzten Zweigen. 1764 lebten in Mickten 16 Bauern und fünf Häusler. Die Hufen der Bauern von Großmickten im Westen der Ortsflur hießen „Doschten". Die Micktener Bauern mussten Frondienste an das Vorwerk leisten, das sich nahe der heutigen Sternstraße befand, und wehrten sich immer wieder dagegen. 1828 traten an die Stelle der Frondienste horrende Geldleistungen an die Gutsherren, was den Ruin der kleinen Bauern nach sich zog. Grundstücke wurden zusammengelegt und neu aufgeteilt. Die Ortsflur, eine Gewannflur mit 176 Hektar (1900), umfasste nur ein Drittel der Kaditzer Flurgröße (Gewann/Gewannflur = Verband schmaler Parzellen auf Ackerland). 1893 nahm Mickten eine öffentliche Straßenbeleuchtung mit insgesamt 57 Petroleumlaternen in Betrieb. Mit der Entstehung des Ortsteiles Neumickten beiderseits der Sternstraße wuchs die Bevölkerung ab 1864 sprunghaft an. 1834 hatte Mickten 169 Einwohner, 1849 waren es 214, im Jahre 1871 441, 1890 bereits 1.300 Einwohner.

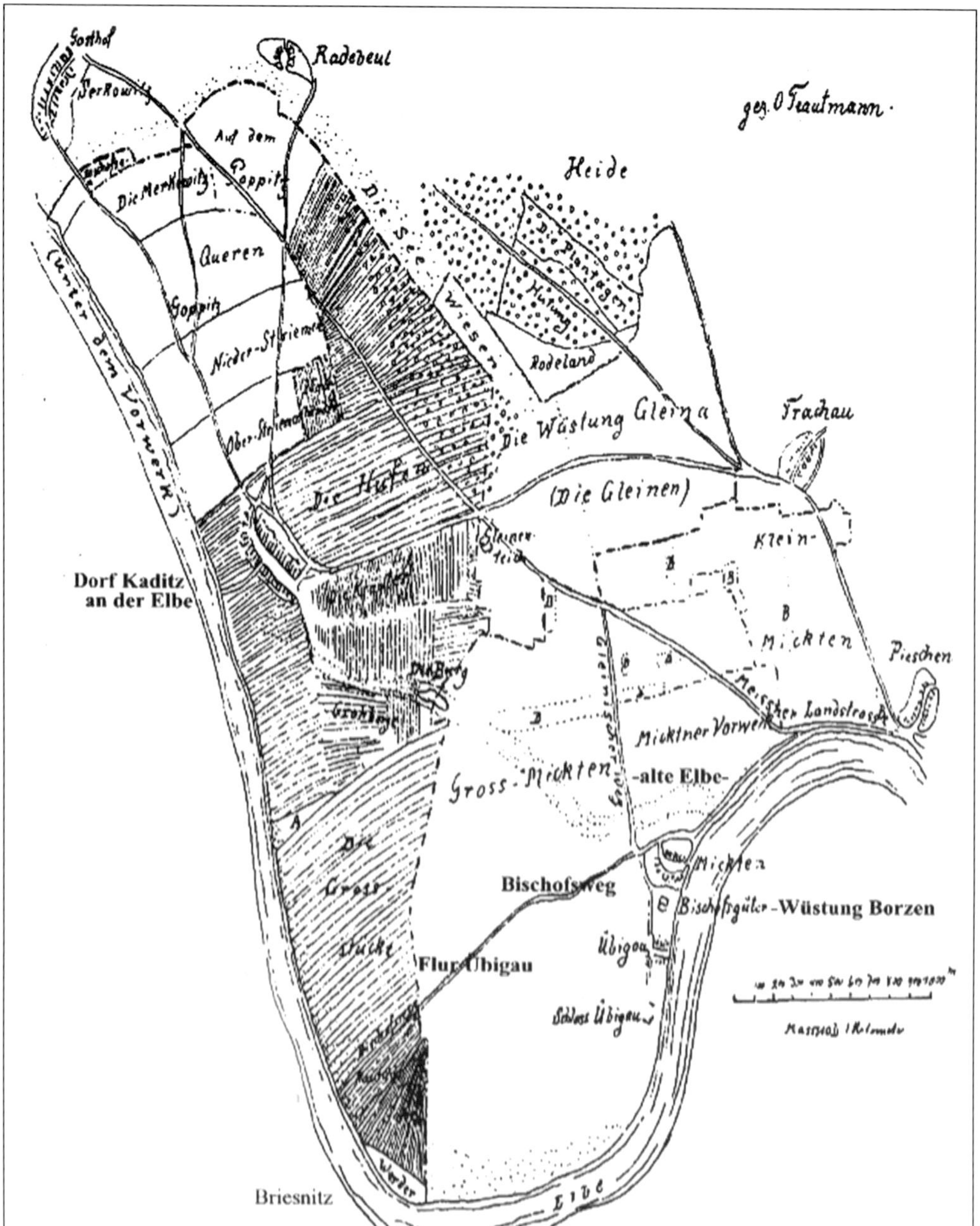

Übersicht der Dörfer im heutigen Dresdner Nordwesten. Deutlich zu erkennen ist dabei die Lage von Mickten und Übigau unmittelbar im Elbbogen. Auch der Bischofsweg von Meißen nach Dresden, der durch diese Dörfer führte, sowie die Lage von Groß- und Kleinmickten sind gut sichtbar.

Auf dem oberen Foto vom Anfang des 20. Jahrhunderts ist die ursprüngliche, über Jahrhunderte bestehende Bebauung des Dorfplatzes mit den Dreiseithöfen zu erkennen. Diese hat sich bis auf wenige Veränderungen bis heute erhalten. Nach den Großbränden Anfang der 1820er-Jahre – dabei wurden fast alle Gebäude (13 Güter) zerstört – und 1869 baute man die Häuser wieder auf. Auf dem unteren Bild von 1985 (Foto: M. Hammer) ist an der Scharfenberger Straße noch ein sogenannter Reißigschuppen zu erkennen, der aber nicht mehr existiert.

Auf dieser zwischen 1845 bis 1950 entstandenen Karte sind die Veränderungen, die am Flusslauf der Elbe vorgenommen wurden, gut zu erkennen. Übigau und Mickten – hier noch in älterer Schreibweise – liegen, nur durch eine Anhöhe geschützt, unmittelbar am Ufer. Vor den beiden Orten erstreckt sich noch eine Insel, wie es sie zu dieser Zeit zahlreiche gab. Heute sind davon nur noch die Pillnitzer und Gauernitzer (bei Coswig) übrig.

Die Bevölkerung Micktens war im 19. Jahrhundert um das Vierfache angewachsen, auch die Zahl der Kinder nahm sprunghaft zu. Daher gründeten die Gemeinden Mickten und Übigau im November 1873 für 61 schulpflichtige Kinder, davon 35 aus Übigau, einen eigenen Schulbezirk. Ein Lehrer unterrichtete die Kinder zunächst in einem Gebäude am Dorfplatz 4. Am 12. August 1874 konnte das neue Schulgebäude (heute Scharfenberger Straße 1) in Mickten eröffnen. Der Unterricht für 111 Kinder (2 Klassen, 2 Lehrer, 2 Hilfslehrer) fand nun im ersten eigenen, durch die Gemeinde Mickten errichteten Schulgebäude statt. Dieses war schon nach kurzer Zeit zu klein, sodass mehrfach Anbauten hinzukamen. Nachdem die Gemeinde Übigau bereits 1897 aus dem Schulbezirk ausgeschieden war und Mickten an der heutigen Hauptmannstraße 1899 ein neues Schulgebäude errichtet hatte, zog hier das Gemeideamt ein, das zuvor seinen Sitz immer beim jeweiligen Gemeindevorsteher hatte. Die beiden Aufnahmen entstanden um die Wende vom 19. zum 20. Jahrhundert.

Die Dörfer, aus denen die Stadtteile im heutigen Ortsamtsbereich Pieschen hervorgegangen sind, sowie die Gemeinden Serkowitz, Radebeul und Niederlößnitz – heute alle Teil von Radebeul – gehörten früher zum Kaditzer Kirchspiel. Zunächst trennten sich Serkowitz, Radebeul und Niederlößnitz durch Teilung ab, danach Pieschen (1884) und später Trachau.

Mickten und Übigau blieben immer mit der Kaditzer Kirche vereinigt, obwohl es seit 1920 Überlegungen hinsichtlich einer eigenständigen Gemeinde gab. Die Orte hatten aber eigene Kirchenvorstände. Auf dem Foto oben ist Emil Biener zu sehen, der ab 1903 Gemeindevorstand war. Karl Vogel (unten) hatte dieses Amt von 1878 bis 1901 inne.

Ein öffentliches Pferdefuhrwerk, „Omnibus“ genannt, fuhr 1892 regelmäßig von „Watzkes Restaurant“ an der Leipziger Straße nach der „Schlossschänke Übigau“, doch wurde der Verkehr wegen zu geringer Benutzung nach einem Vierteljahr wieder eingestellt. Es sollte noch über zwei Jahrzehnte dauern, bis es einen regelmäßgen Straßenbahnverkehr nach Mickten/Übigau gab. Am 21. Oktober 1913 konnte die neue Strecke der Straßenbahnlinie 10 Mickten–Übigau über die Sternstraße / Trachauer Straße bis zur Böcklinstraße in Betrieb genommen werden. Die Linie endete in Höhe der alten Schule. Die Bahn fuhr wieder zurück, ein Ausweichgleis gab es nicht. Auf der oberen Ansichtskarte erkennt man den noch heute geläufigen Fehler, Altmickten mit Übigau gleichzusetzen.

Entlang der Kötzschebroder Straße gab es um 1900 zahlreiche Gaststätten. Die bekannteste unter ihnen ist bis heute das „Watzke". Seinen Ursprung hatte es in einer Bauernschänke, die um 1790 in der Nähe der Leipziger Straße an der Flurgrenze zu Pieschen entstand. 1804 wurde daraus ein einstöckiges Haus, das der Branntweinbrenner und Tagelöhner Johann Gottlieb Dietzen 1814 erwarb und 1821 an Willhelm Hübner verkaufte. Dieser erhielt die Konzession zum Ausschank von Stadtbier. Am 27. Juli 1838 kaufte Carl Joseph Watzke Gebäude und Konzession für Bier, Branntwein und Wein und eröffnete das Lokal als „Watzkes Bier und Gartenrestaurant". Das Gebäude erfuhr später nochmals eine Veränderung. (Foto oben) Wilhelmine, verw. Watzke, entschloss sich 1897 zum Abriss des alten Ballhauses. Die Grundsteinlegung für den Neubau fand 1898 statt. Im Jahr darauf eröffnete „Watzkes Konzert & Balletablissement" und Sohn Paul Watzke (Foto mit seiner Frau Alma) übernahm das Haus.

Inhaber des „Elbsalons" an der alten Meißner Straße 26b (heute Kötzschenbroder Straße 20) war laut Adressbuch für Dresden von 1889/90 der Restaurateur Max Bachmann. Das Lokal bestand bis in die 1950er-Jahre, wurde dann als Speisesaal des Elektroschaltgeräte-Werkes genutzt. Nach der Wende befand sich zunächst der „Orientexpress" darin, heute kann man im „Landstreicher" einkehren.

Der „Gasthof Mickten" steht exemplarisch für die Ausbreitung Neu-Micktens entlang der Leipziger Straße. Hier entstanden zahlreiche Mehrfamilienhäuser, in denen vorwiegend die Arbeiter der umliegenden Betriebe mit ihren Familien wohnten. Das Dresdner Adressbuch von 1889/90 nennt den Restaurateur Karl Mäser, Leipzigerstraße 10, als Eigentümer des Gasthofs. Später befand sich hier ein Eiscafé, heute ist darin eine Spielbar.

Mickten hatte in früheren Jahrhunderten keine eigene Mühle, sondern unterlag dem Mahlzwang der Neudorfer Schiffsmühle. Erst nach Abschaffung des Mahlzwangs ist die Existenz der Micktener Holländer-Windmühle im alten Stadtplan von 1868 an der „alte(n) Meissner Strasse von Serkowitz“ nachgewiesen. Obwohl sie später noch mit elektrischem Strom betrieben wurde, konnte sie der Konkurrenz der umliegenden Mühlen nicht standhalten und wurde Ende des 19. Jahrhunderts geschlossen. Der Baukörper, im Laufe der Zeit seiner markanten Flügel beraubt, blieb jedoch bis heute erhalten und wurde in die Saxonia-Brotfabrik (oberes Bild) von C.A. Tippmann einbezogen, deren Eigentümer später Wilhelm Rämisch war. Unten ist die Mühle im Ausschnitt eines Fotos aus den 1950er-Jahren zu sehen.

Der damals 12-jährige Dresdner Siegmar Gründlich, der von Februar 1945 bis August 1946 als Laufjunge bei Rähmisch beschäftigt war, schrieb in einem Bericht über die Saxonia-Brotfabrik: „Gebacken wurde auf oder in fünf doppelt ausziehbaren Öfen, welche von der gegenüberliegenden Seite mit Briketts beheizt wurden. Dieser Gang war schwarz und dunkel, während der Produktionsraum durch viele Fenster sehr hell war. Insgesamt waren ca. zehn Bäcker und ein Werkmeister tätig. Letzterer war auch für den Versand bzw. Auslieferung verantwortlich.“

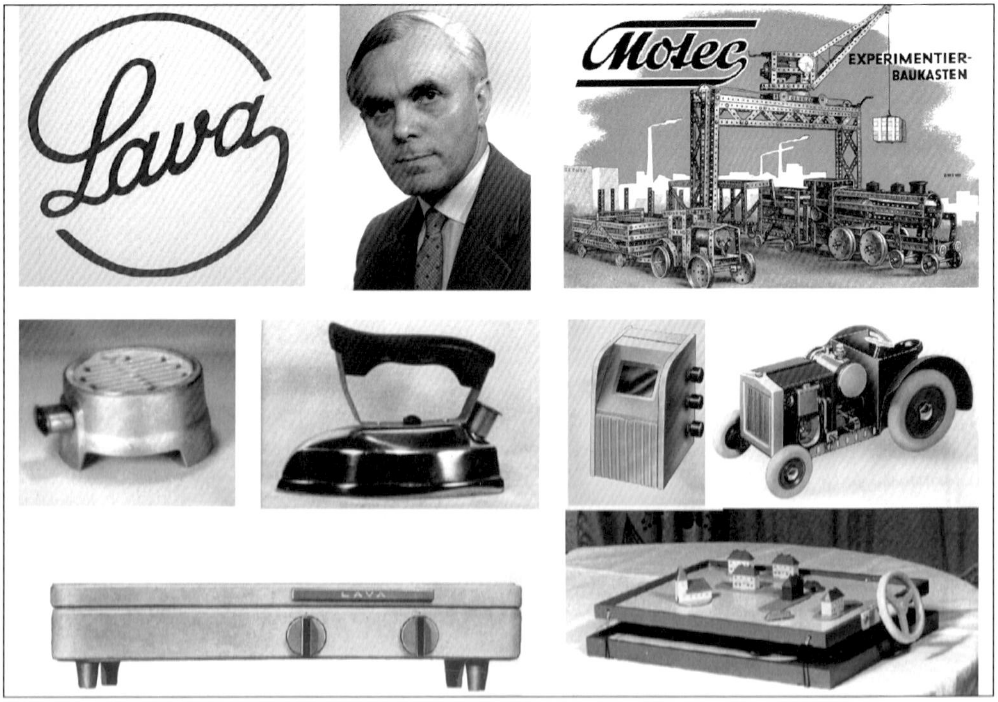

Nach Rähmischs Tod sollte die Brotfabrik durch einen Geschäftspartner weitergeführt werden. Dazu kam es jedoch nicht. Stattdessen kaufte bzw. pachtete der Dresdner Elektro-Ingenieur Eberhard Päßler das Gelände. Dieser hatte am 11. November 1945 auf der Williamstraße 10, Dresden A 28, seine Firma für Mechanik, Elektrotechnik, Keramik gegründet und suchte für sein rasch gewachsenes Unternehmen neue Betriebsflächen. Päßler baute sein Unternehmen zur Herstellung elektrischer Haushaltgeräte (LAVA) sowie für Spiel- und Freizeitartikel (Motec) aus.

Eberhard Päßler ließ es sich nicht nehmen, gemeinsam mit seinen Mitarbeitern 1970 das 25. Jubiläum der Firma zu feiern. Zahlreiche innovative Produkte (Toaster, Grill) wurden entwickelt und als Patente angemeldet. In den 1950er-Jahren wandelte man die KG in einen Betrieb mit staatlicher Beteiligung (BSB) um, der 1972 verstaatlicht wurde. Daran änderte auch der kurz vorher stattgefundene Besuch des DDR-Staatsratsvorsitzenden Honecker und des Ministerpräsidenten Stoph am Stand der Firma auf der Leipziger Messe im Frühjahr desselben Jahres nichts. Unter dem Namen ELKO blieb sie bis 1991 bestehen und wurde dann von der Treuhand liquidiert. Heute nutzen verschiedene Kleinunternehmen das Gelände.

Zu den bedeutenden, über die Grenzen Dresdens hinaus bekannten Firmen zählte die Waffelfabrik der Gebrüder Hörmann AG an der Sternstraße. Das am 18. Juli 1895 in der Liliengasse 26 (Wilsdruffer Vorstadt) als Gebrüder Hörman OHG gegründete Unternehmen zog zwei Jahre später an die Sternstraße nach Mickten. Dort entstanden die markanten, heute immer noch bestehenden Produktions- und Verwaltungsgebäude. Die Marke Alpenstern zählte zu den bekanntesten Erzeugnissen. Von 1972 bis 1990 war hier der Verwaltungssitz des VEB Dauerbackwaren. Das kurze Intermezzo der Fa. Bahlsen endete schon 1992, danach schloss der Produktionsstandort endgültig. Heute werden die denkmalgeschützten Gebäude als Wohnpark genutzt.

Nachdem mehrere Überschwemmungen die Micktener Bauern heimgesucht hatten, beschloss der Dresdner Rat, den nördlich der Bebauung befindlichen Alt-Elbarm zu vertiefen. Die Pläne dazu waren nach der Eingemeindung 1903 ausgearbeitet und 1913 weitgehend fertiggestellt. Durch den Beginn des Ersten Weltkrieges verzögerte sich der Baubeginn. Von 1918 bis 1921 legten Arbeitlose im Rahmen von Notstandsarbeiten die Flutrinne an. (Foto: Stadtmuseum Dresden, Repro: SLUB, Deutsche Fotothek) Zur Befestigung der Böschung soll Abbruchmaterial aus der Bastion Merkur (Seetor) verwendet worden sein. Von 1927 bis 1929 erweiterte man die Kaditzer Flutrinne auf eine Sohlenbreite von 119 Metern und legte eine einen Meter breite Rinne in der Mitte an.

Elbehochwasser am 17. Dezember 1974, Überlauf in die Kaditzer Flutrinne an der Böcklinstraße. (Foto: A. Steuerlein, Repro: SLUB, Deutsche Fotothek)

Mit der Erweiterung der Flutrinne begann auch der Bau einer darüber führenden, vollständig aus Stahlbeton errichteten Brücke, zur damaligen Zeit ein relativ neues Verfahren. Nun konnte man auch bei Hochwasser, wenn die beiden Orte mit ihren Gemüsefeldern wie eine Insel aus den Fluten ragten. problemlos nach Mickten und Übigau gelangen. Offensichtlich war die Brücke auch ein begehrtes Fotomotiv, wie das Bild von Günhter Stäglichs Schulanfang 1948 beweist.

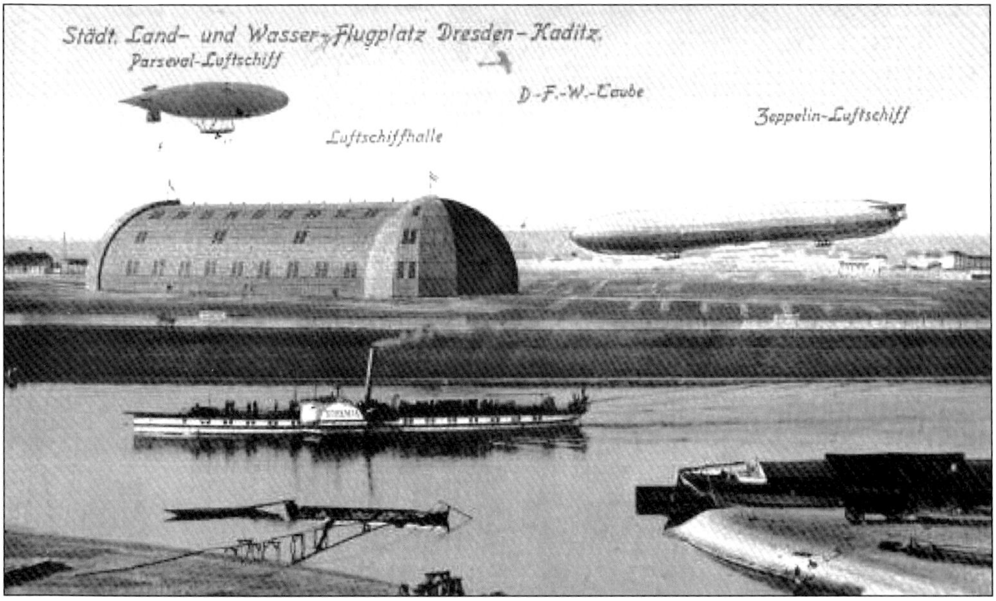

Auf den ehemaligen Feldern der Kaditzer Bauern fanden ab 1911 Flugvorführungen statt, sodass der Rat zu Dresden am 29. Oktober 1912 die Errichtung eines Luftschiffhafens und Flugplatzes mit einer Fläche von 18,5 Hektar auf der Kaditzer Flur beschloss. Am 25. Oktober 1913 konnte westlich der heutigen Washingtonstraße die städtische Luftschiffhalle nach einer Bauzeit von sechs Monaten übergeben werden. Die Halle bot zwei Luftschiffen Platz und diente zur Wartung der Parsefal- und Zeppelin-Luftschiffe. An den Stirnseiten befanden sich halbrunde Drehtore. Am 26. Oktober 1913 fand die feierliche Eröffnung des Flugplatzes und der Luftschiffhalle im Beisein von König Friedrich August III. mit Familie und weiteren Vertretern des Königshauses statt. Zahlreiche Flugveranstaltungen folgten.

Das Kriegsministerium errichtete 1915 in eigener Regie eine Militärflughalle, die nach dem Ersten Weltkrieg aufgrund des Versailler Friedensvertrages bis zum 30. September 1921 zerstört werden musste. Die große Halle für Zeppelin-Luftschiffe wurde ungefähr 1921 abgebrochen und nach Wilthen (Firma Hünlich) umgesetzt. Diese Halle dient der Wilthener Weinbrennerei als Lagerraum.

Ein seltenes Bild: Auf der Luftaufnahme sind deutlich die beiden Hallen des Kaditzer Flugplatzes und ihre Lage zueinander zu erkennen. Rechts oben befindet sich die zivile Halle, auf der linken Seite die Militärflughalle. In der rechten Bildmitte sind die Gebäude der Kläranlage (heute Stadtentwässerung) zu erkennen.

Die Idylle der beiden Fotos ist nicht trügerisch, aber längst vorbei. Johanne und Carl Dietrich aus Übigau (unteres Bild im Hintergrund) hatten ihren Garten zunächst an der Scharfenberger Straße. Dort traf man sich mit Nachbarn zum Kaffee oder Skatspielen. Der Garten musste aber 1950 dem Neubau des Röntgenwerkes von TuR weichen, das nach dem Krieg als erste große Industrieinvestition in Dresden entstand.

Blick auf den Eingangsbereich des VEB TuR an der Scharfenberger Straße mit Verwaltungsgebäude (links) und Ausstellungspavillon von 1975 (Mitte). Ganz rechts ist das Röntgenwerk zu erkennen.

Die große Halle für die Herstellung und Prüfung von Hochspannungs-Prüfanlagen für Transformatoren entstand von 1952 bis 1954 nach Entwürfen des Architekten Paul Michael für den VEB TuR. Lange Zeit war sie – auch wegen des auf dem Dach angebrachten Firmenschildes – ein markanter Punkt, wenn man auf der Autobahn ins Dresdner Tal fuhr.

Blick auf den Haupteingang des VEB TuR an der Washingtonstraße. Bis 1989 war der Betrieb mit 4.300 Mitarbeitern einer der fünf bedeutendsten Großbetriebe Dresdens. Der VEB TuR besaß insgesamt über 1.000 Patente. 1971 erhielt der Betrieb den Namen „Hermann Matern".

Ein Großtransformator verlässt die Halle und wird zum Export fertig gemacht. Die Produktionspalette des Betriebes mit seinen fünf Betriebsteilen, auch außerhalb Dresdens, umfasste die größte Trafoanlage für ein Wasserkraftwerk in der UdSSR und den bis dato kleinsten Herzschrittmacher.

Die Transformatorenproduktion hat eine lange Tradition und reicht bis 1904 zurück. Am 1. Oktober wurde die Koch und Sterzel Spezialfabrik wissenschaftlicher Apparate und Instrumente in der Zwickauer Straße 42 in Dresden gegründet. Der auf Hochspannungs- und Röntgentechnik spezialisierte Betrieb baute für die TH Dresden (heute TU) den ersten 1-Megavolt-Prüftransformator Europas. Nach dem Erwerb größerer Flächen des ehemaligen Flughafens Dresden-Kaditz entstand von 1922 bis 1923 das Transformatorenwerk in Mickten/Übigau. Es war der einzige Betrieb, der sich im Rahmen des von der Stadt Dresden ausgearbeiteten „Plans der industriellen Erschließung des Geländes“ entwickelt hat. Auf dem Bild ist das Prüffeld für Mitteltrafos zu sehen.

Im Krieg wurde das Stammwerk der Koch & Sterzel AG komplett zerstört. Das Micktener Werk blieb weitgehend verschont, wurde aber zunächst demontiert und unter Verwaltung der SMAD gestellt. Nach dem Volksentscheid von 1946 enteignet, gründete man es 1948 als VEB Tranformatoren- und Röntgenwerk (TuR) neu. Auf dem Bild ist die Serienfertigung von Mitteltrafos zu sehen.

Gleichzeitig baute man weitere Produktionszweige, die vorher an der Zwickauer Straße waren, am neuen Standort auf, z. B. die Röntgentechnik. 1990 übertrug die Treuhandgesellschaft den gesamten Werkteil I an Siemens. Von 3.500 Beschäftigten wurden rund 1.000 übernommen. Das Bild zeigt den Verladeplatz mit Krananlage.

TuR hatte für seine Mitarbeiter und deren Angehörige zahlreiche Sozialeinrichtungen geschaffen. Dazu gehörten z. B. mehrere Ferienheime, eine Betriebspoliklinik, eine Betriebssportgemeinschaft (BSG) sowie Kindergarten und -krippe. Mit der Privatisierung wurden diese geschlossen, nur die Kindereinrichtungen übernahm die Stadt, die sie inzwischen aber durch Neubauten ersetzt hat.

Die Streckenführung der Straßenbahnlinie 10 wurde nach ihrer Inbetriebnahme noch zweimal verändert. Am 16. August 1928 bekam sie einen neuen Fahrweg über die Flutrinnenbrücke und die Sternstraße. Am Endpunkt hinter der Brücke war ein zweites Gleis verlegt, auf dem das Triebfahrzeug am Wagenzug zurückfahren konnte. Auf dem Foto hält die Straßenbahn in Höhe des Bahnhofs Mickten.

Diese Streckenführung blieb bis 1966 unverändert. Ab 30. Dezember verkehrten die Linien 5 und 10 vom alten Endpunkt Sternstraße zunächst im Pendelverkehr bis zum provisorischen Bahnsteig in der noch nicht fertiggestellten Gleisschleife am Trafowerk. Am 18. Februar 1967 wurde diese offiziell in Betrieb genommen. Die Linie 5 fährt nun nur noch im Berufsverkehr. Auf dem Foto aus den 1970er-Jahren streichen Johanne und Carl Dietrich gemeinsam mit Nachbar Gerhard Harzer die Bänke an der Haltestelle Sternstraße.

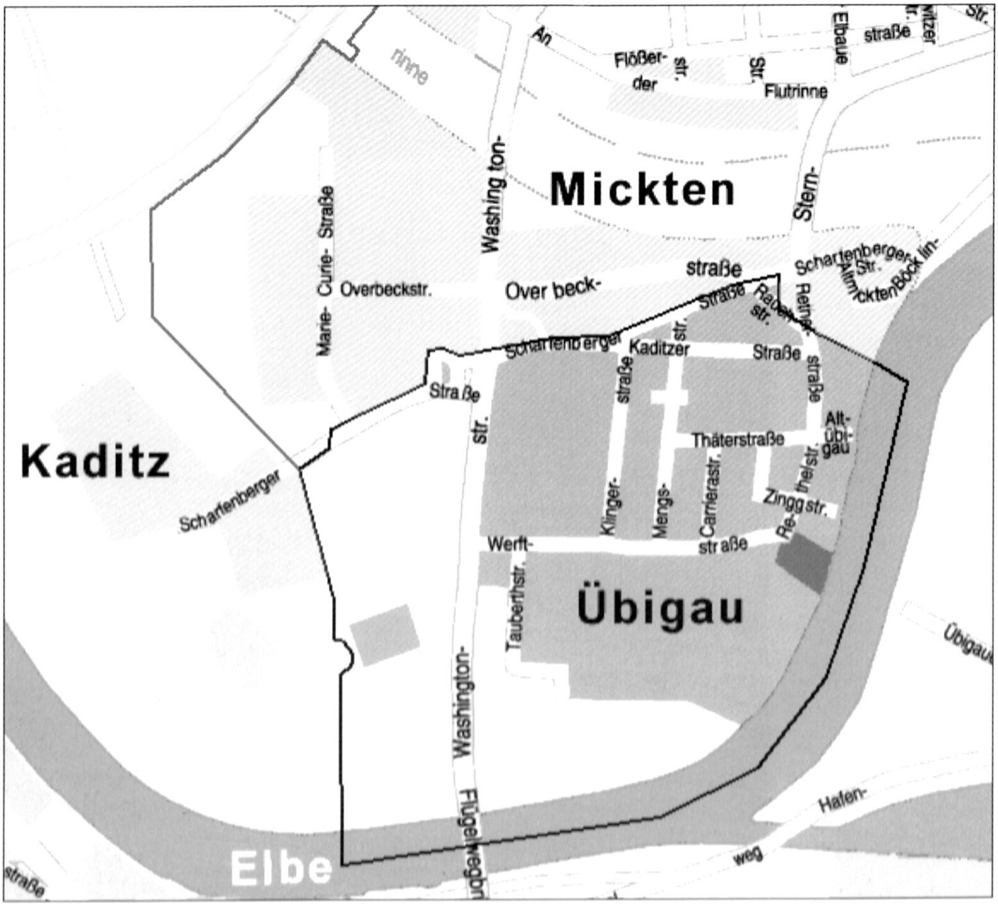

Wir haben uns nun der Grenze zwischen Mickten und Übigau genähert. Diese verläuft entlang der Scharfenberger und der Rauchstraße (früher Grenzstraße). Die Grenzen sind heute nicht mehr eindeutig zu erkennen. Nach der Eingemeindung der Orte nach Dresden legte man darauf zunächst keinen Wert. Die Karte zeigt, dass zwar Teile nördlich der Washingtonstraße noch zu Übigau gehören und somit die Kaditzer Brücke eigentlich Übigauer heißen müsste, aber der Bereich, auf dem sich TuR befand, gehört eindeutig zu Mickten. Somit fuhr auch die Straßenbahn nicht nach Übigau, sondern eigentlich nach Mickten.

2

Geschichte des Dorfes und Stadtteils Übigau

Nur rund 500 Meter vom Dorfkern Micktens entfernt, auf einer weitgehend hochwassergeschützen Anhöhe, liegt das Dorf Übigau. Es ist nicht belegt, ob sich der auch anderswo vorkommende Name des 1324 erstmals als Vbegowe/Vbegow urkundlich erwähnten Ortes vom Altsorbischen „ubeg" (= Flucht) oder von einem bisher nicht belegten Personennamen ableitet. Zwischen Übigau und Mickten lag noch ein kleines Dorf oder ein einzelner Hof Bortzschen. Sein sorbischer Name ist vom Personennamen Bores abgeleitet. Verschiedene Ortsnamen für Übigau sind nachgewiesen: um 1470 Obegaw, 1529 Obegaw, 1555 Obnigenn, 1559 Obigen, 1590 Obingen, 1618 Obigau, 1701 Übigau. 1875 wird von Uebigau b. Dresden gesprochen. Das Dorf ist seit 1555 nach Kaditz gepfarrt und wurde von 1559 bis 1590 vom Amt Stolpen verwaltet, danach vom Amt Dresden bzw. seit 1875 von der Amtshauptmannschaft Dresden. Übigau gehört seit 1559 zur Grundherrschaft des Domkapitels Meißen. Ein sogenanntes Bischofsgut befand sich in der Nähe des Dorfplatzes an der heutigen Rethelstraße 17–19. Der Ort war ab 1561 dem Dresdner Bierzwang unterworfen und 1661 der Schiffsmühle in Altendresden (Dresden-Neustadt) zugeteilt. 1618 erwirkten die Bauern Übigaus und aus den Nachbarorten eine zeitweise Befreiung von Spann- und Handdiensten gegen ein jährliches Dienstgeld von zehn Gulden pro Hufe, aber schon 1648 wurden sie durch Garten- und Fischereidienste für das Vorwerk Ostra über das übliche Maß hinaus doppelt belastet. Sie baten um Erlass von einem der beiden Frondienste. Der Ort Bortzschen wird 1556 bzw. 1570 letztmalig genannt. 1752 finden die „Übigauer Rügen" erstmals Erwähnung. Die 33 Paragrafen stellen eine Sammlung von Regeln für das Verhalten der Dorfbewohner dar. Zur Übigauer Bevölkerung sind nur wenige Angaben überliefert. Sie setzte sich zunächst ganz oder überwiegend aus Bauern zusammen, die im Gemeinderat bestimmten. Lange Zeit verhinderten sie die Niederlassung landarmer und landloser Bevölkerung. So kamen diese seit dem 16. Jahrhundert nur vereinzelt dazu. 1559 wird von 13 besessene(r) Mann gesprochen. 1764 erhöhte sich diese Zahl auf 17. 1834 lebten bereits 152 Menschen hier. Innerhalb weniger Jahrzehnte, bis 1871, wuchs die Bevölkerung auf 414 Personen an, um 1890 waren es 909 Bewohner. Ab 1725 prägten das Barockschloss bzw. die Schlosswirtschaft das Bild des Ortes, ab 1836 vollzog sich mit der Entstehung der Maschinenbauanstalt der Wandel zum Industrievorort. Im 20. Jahrhundert bestimmten dann noch die Kasernen das Bild des Ortes mit. Am 1. Mai 1896 eröffnete die Postagentur Mickten-Übigau in der Dorfstraße 2. Der Kaufmann Hermann Hugo Schäfer wurde Postagent für Mickten-Übigau.

Section Dresden, No. 66. **Fundstelle** *46*

Uebigau.

Der erste Hauptgegenstand in dieser von zahlreichen Mitgliedern und Gästen besuchten Sitzung betraf die neuesten Ausgrabungen von Urnen auf dem Terrain der Schiffswerft der deutschen Elbschifffahrts-Gesellschaft Kette in Uebigau gegen Ende des April, wozu Herr Generaldirector Bellingrath den Vorsitzenden und einige andere Mitglieder der Isis freundlichst ein, hatte.

Die Erstattung eines eingehenden Berichtes darüber hatte Dr. Deichmüller übernommen, welcher im Vereine mit Betriebsingenieur H. Wiechel diesen Ausgrabungen besondere Aufmerksamkeit geschenkt hat. Nähere Mittheilungen darüber sollen später veröffentlicht werden. Zunächst wurden hierbei die Anwesenden durch einen Goldfund in diesen Graburnen, dem ersten im Königreiche Sachsen, durch Herrn Wiechel überrascht, welcher in einem zierlichen Ringlein bestand.

Sitzungsber. Isis Dresden, 1884, S. 32.

Hierauf spricht Ingenieur H. Wiechel über die praehistorischen Funde der Eisenzeit in Sachsen, verglichen mit denen der Bronzezeit, veranlasst durch das Werk von Dr. Ingv. Undset: „Das erste Auftreten des Eisens in Nord-Europa“, worin der Verfasser die Ansicht ausspricht, dass die in Sachsen gemachten Funde aus der Eisenzeit in ihrer Form mehr an die der Bronzezeit erinnerten. Vortragender widerspricht dieser Ansicht aus mehreren Gründen und stützt sich dabei auf das reiche Material, das er bei den Ausgrabungen in Pirna und Uebigau gewonnen ha' 'gedenkt hierbei auch der sogenannten Napfurnen (Lausitzer Typus), welche an beiden Fundstellen vorkommen und entschieden der Bronzezeit angehören, sowie der seltenen Uebergangsformen, die sich einerseits der Flaschenform, andererseits der Form der römischen Mischkrüge nähern und auf der Drehscheibe angefertigt sein müssen. Redner macht aufmerksam auf kleine Napfurnen (Beigefässe), die mit Henkeln zum Anbringen von Schnuren versehen sind und auf Urnenfeldern der Latène-Zeit gefunden wurden.

Sitzungsber. Isis Dresden, 1885, S. 39.

Die Besiedlung Übigaus reicht weit zurück. Davon zeugen wiederholte Ausgrabungen, bei denen bronzezeitliche Gräberfelder mit Urnen freigelegt wurden. Diese befinden sich heute im Landesamt für Archäologie. Die ersten Funde von 1884 waren dabei ganz zufällig und sind nur Dank der Umsicht der Verwaltung der Schiffswerft geborgen worden. Man hatte sie beim Bau neuer Gebäude entdeckt und die Behörden informiert. Ein Denkmalgesetz gab es zu der Zeit noch nicht. Die „Isis“, von der in den Beiträgen gesprochen wird, war ein 1833 von Dresdner Bürgern gegründeter Verein zur Beförderung der Naturkunde.

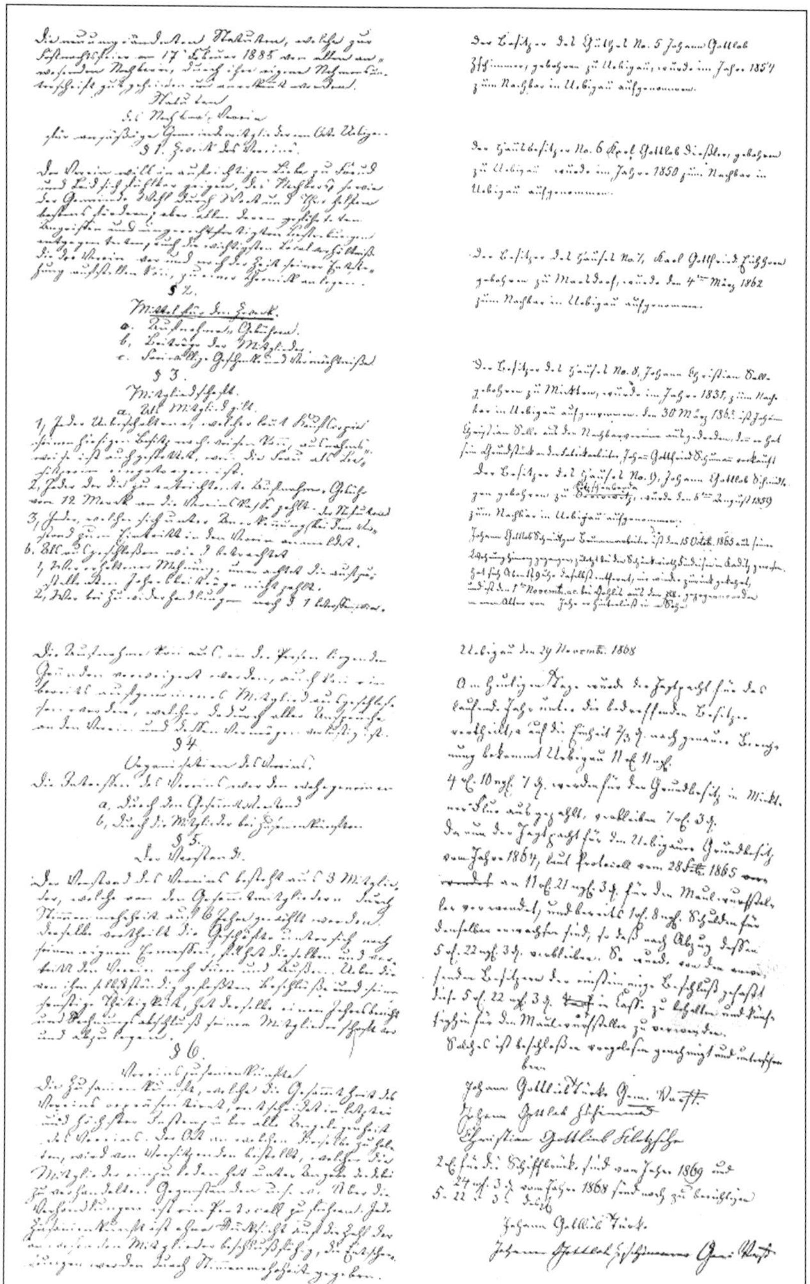

Die Geschichte der Übigauer Nachbarschaft (ein Nachbarschaftsverein) ist bisher kaum bekannt und deshalb auch wenig erforscht. Selbst in den Gemeindeakten, die im Stadtarchiv aufbewahrt sind, wird sie nicht erwähnt. Nur durch einen Zufall – bei Aufräumungsarbeiten nach dem August-Hochwasser 2002 – wurde im Keller eines ehemaligen Bauernhofes in Kaditz ein Protokollbuch gefunden. Es umfasst den Zeitraum von 1862 bis 1940. Offensichtlich wurde die „Nachbarschaft" aber schon eher gegründet, denn Vermerke zur Satzung, die sich am Anfang des Buches finden, verweisen auf die 1850er-Jahre.

Der Gemeinderat von Übigau bei Dresden 1874 (von links): Heinrich Johann Schmidt (*1836 Mickten, 1880–1890 Vorstand), Friedrich Wilhelm Schumann (*1836, 1870–1893 Mitglied), Karl Gottlieb Klotzsche (*1840, 1868 Mitglied), Karl Gottlob Vogel (*1841 Mickten, 1867 Mitglied), Karl Gottlieb Dietze (*1834, 1875–1890 Ratsältester), Gottlob Johann Zschimmer (*1830, 1860–1873 Vorstand), Gottlieb Christian Klotzsche (*26.9.1823, 1850–1870 Ratsältester), Karl Gottfried Vogel (*6.7.1835– †24.11.1874, 1870 Ratsältester), Heinrich Karl Hauswald (*1841, Tischler/Glaser, 1873–1878 Vorstand), Gottlob Leberecht Findeisen (*1843 Kaditz, Bauer, 1872–1891 Ratsprotokollant). Auf dem unteren Foto sind die Gutsbesitzer zu sehen.

Der Uebigauer Gemeindeälteste Gottlob Leberecht Findeisen erzählt von 1866 und 1870/71

I.

Mein Vater war der Gemeindevorstand und Pfarrgutpächter Gottlob Leberecht Findeisen in Kaditz.

Als es 1866 hieß, die Preußen würden kommen, sagte mir mein Vater, ich sollte die „Laden", die mit Geld, Kleidungsstücken und einigen Schmucksachen angefüllt waren, in der Scheune vergraben. Er ging aufs Feld. Ich machte mich auch zeitig drüber. In jeden Banzen kam eine. Aber ich war noch nicht ganz fertig, da kam ein preußischer Soldat in den Hof hereingeritten und fragte, ob hier der „Schulze" wohnte. Ich erschrak nicht schlecht, ging hinten zur Scheune hinaus und kam von einer anderen Seite in den Hof, daß der Preuße nichts merken sollte. Ich sagte ihm nun, daß der Vater auf dem Felde wäre. Ich sollte ihn holen. Als ichs meinem Vater sagte, meinte der, ich könnte gleich botschen gehen. Da fing ich denn oben bei der Kirche an und rief durch das ganze Dorf: o—bo—tscho—re—moh—! Das war der Ruf, auf den hin alle Gutsbesitzer zur Versammlung kamen. Er bedeutete: Kommt alle zusammen, es gibt etwas Neues! Es dauerte auch nicht lange, so war aus jedem Hof einer im Spritzenhaus erschienen. War der Vater etwa auf dem Felde, so kam ein Sohn. Sie fragten mich alle: „Gottlob, was gibt's denn?" Was ich wußte, das sagte ich; es war nicht viel. Dann kam der Vater und sagte an, daß es preußische Einquartierung gäbe.

Wir bekamen gegen 80 Mann. Die lagen in der Scheune, auch dort, wo die Laden vergraben waren, sie haben aber nichts bemerkt. Sie hätten vielleicht nichts genommen, es waren ganz gute Leute, schon ziemlich alte, mit Vollbärten. Rheinländer waren dabei, die habe ich gar nicht richtig verstehen können. Der Offizier, der beim Pastor lag, war aber sehr skandalös. Er lief auch immer in der Stube herum, wie geistig gestört. Später wurde erzählt, er hätte sich auf dem Marsche erschossen.

Wie die Preußen da waren, nahmen wir — Gärtner, mein späterer Schwager und ich — unsere Pferde, und rückten über den Kirchberg, nach den Seewiesen, über die Leipziger Straße in den Wald, fast bis an die Bahnwiese. Eine Sichel zum Grasmähen, einen Eimer und einen Sack nahmen wir mit. Dem Kleinknecht hatten wir eine Schneiße angegeben, wohin er später mit Schiebock und Zober nachkommen sollte, damit er den Pferden Wasser und uns zu essen bringen könnte. In Kaditz sind damals fast alle mit den Pferden ausgerückt, aus Furcht, die Preußen könnten sie requirieren.

In der ersten Nacht sahen wir gegen Trachau hin ein großes Feuer aufgehen. Da hatten wir rechte Angst, denn wir dachten, die Preußen fingen an, die Güter anzubrennen. Später haben sie uns erzählt, daß ein Strohsack in Brand geraten und danach das ganze Gut weggebrannt ist.

Das Wasser für die Pferde hat der Kleinknecht weit holen müssen, an der Leipziger Straße, gegenüber den jetzigen Jahreszeiten in einem kleinen Gütchen, das war Freundschaft von uns.

In der einen Nacht kam das ganze Armeekorps auf der Leipziger Straße. Das ging ununterbrochen bis früh. Wenn die preußischen Pferde wieherten, wieherten unsere fünf Pferde wieder. Da sind wir weiter hinein ins dicke Gehölz, soweit die Pferde gehen konnten. Nach drei Tagen sind wir wieder zurück an unsere alte Stelle. Von da schickten wir den Kleinknecht nach Hause. Der sollte sehen, ob es wohl ruhig wäre.' Das Futter wurde auch alle. Na, das Feld, wo wir den Klee mausen wollten, wußten wir schon.

Da kam Frenzens Vater aus Kaditz, gerade als wir ein bißchen vorrücken wollten, weil wir nichts mehr hörten. „Immer kommt nur ruhig 'rein, Kinder, sie sind wieder fort," sagte er. Und er erzählte, daß sie wohl aus Radebeul und Serkowitz Pferde gekauft hätten gegen Scheine. „Das konnte bald ein dummes Ding werden," meinte er, „daß ihr alle mit den Pferden fort wart. Bloß weil der Vorstand nichts gewußt hat, da ist es noch einmal gegangen." Mein Vater war nämlich nicht dagewesen, als wir alle mit den Pferden ausrückten. Ich weiß nicht, ob er bloß fortgegangen war an dem Tage, damit nachher die Gemeinde keine Scherereien haben sollte. Jedenfalls hat er den Preußen wahrhaftig sagen können, daß er nichts gewußt und nichts gesehen hat.

Später sind dann auf dem Rückmarsch lange Zeit preußische Soldaten dagewesen, aber es ist alles ruhig verlaufen, bloß daß es Streit wegen der Mädel gab. —

II.

1870 bin ich in Uebigau ansässig gewesen. Ich wurde auch gleich in den Gemeinderat gewählt und war bald Gemeindeältester, wahrscheinlich weil sie wußten, daß ich zu Hause dem Vater viel beim Schreiben geholfen hatte. Der Krieg hatte noch nicht ein Vierteljahr gedauert, da kam ein alter General zu uns ins Dorf, nahm den Vorstand und mich mit auf die Elbwiesen und zeigte uns, wohin die Baracken gebaut würden. Es war ein recht gemütlicher Herr. Er sagte zu uns: „Ihr Leute braucht keine Bange zu haben. Seid nur recht vorsichtig, wenn etwa eine Krankheit ausbricht. Sonst habt ihr nichts auszustehen; es kommt genug Militär zum Bewachen her. Ihr werdet mir noch zu Danke verpflichtet sein!" — „Aber wieso denn, Herr General?" fragten wir. „Weil die Wiesen festgetreten werden. Sie werden sehen, was für schönen Ertrag die geben werden!"

Er hat Recht gehabt. Wir mußten zwar manches umackern nachher, aber was geblieben ist, gab schönes Gras.

Vier Baracken wurden gebaut. Von der Werft ging es an bis gegenüber der Briesnitzer Kirche. Da wurden Pallisaden in die Erde gerammt, so dick wie mein Kopf und noch dicker, ein Stamm am andern, oben zugespitzt und so hoch, daß niemand hinüber gucken konnte. Die Baracken waren wieder eingeteilt durch Pallisadenmauern. Die Eingangstore waren groß und mächtig, aus Pfosten, die viel stärker waren wie meine Scheunenpfosten. Außer den Schlafhäusern gab es in jeder Baracke einen Speisesaal, Aborte, einen Kegelschub und ein Gebäude, wo Theater gespielt wurde. Ich bin manchmal drin gewesen. Die Gefangenen haben selbst Theater gespielt, Kunststücke gezeigt, Musik gemacht mit verschiedenen Instrumenten. Ihre Sprache habe ich nicht verstanden, es war aber auch so ganz hübsch. Ueberhaupt, wer von den Gefangenen das Heimweh nicht so sehr gehabt hat, hat es nicht schlecht gehabt. Die ordentlich und ruhig waren, durften auch außerhalb der Baracken spazieren gehen; natürlich gingen ein paar Soldaten mit geladenen Gewehren nebenher. Uns gab es Spaß, daß die Franzosen ganz närrisch waren auf den Sauerkraut. Davon machten sie sich Salat. Es gab manche dabei, die konnten recht schöne Spielsachen schnitzen. Beim Spazierengehen schnitten sie sich junge Bäume ab und auch Akazienwurzeln. Ich habe lange einen Stab gehabt an den einer einen richtigen Ochsenkopf geschnitzt hatte, ganz genau: Augen, Ohren, Zunge und Hörner.

Was die Franzosen wegwarfen! Vor den Speisehäusern standen große Tonnen. In die schütteten sie das Essen, wenn es ihnen nicht schmeckte. Sie bekamen aber gutes Essen. Mancher von uns wäre froh gewesen, wenn er solches gehabt hätte.

Den Proviant holten sie auf unseren Bretterwagen rings aus den Dörfern. An die Deichsel wurde ein Ernteseil gebunden, dahinein wurden Querknittel geknotet, und nun zogen an jedem Knittel 4 Mann, am ganzen Wagen 12—20 Mann! Daneben gingen 6—8 deutsche Wachsoldaten mit geladenen Gewehren und aufgepflanztem Seitengewehr. Wenn Zuaven zogen, gab es mehr Begleitmannschaft. Wir Bauern bekamen 1 M. für das Wagenleihen. Die meisten Franzosen verkauften Mäntel Schuhe und Decken für ein Spottgeld, damit sie sich für das Geld etwas zu trinken kaufen konnten; am liebsten wollten sie Wein. — In diesem Jahre war Gottes Segen groß. Es gab viel Möhren und Zwiebeln. Das machten sich die Kinder zu nutze. Sie suchten sich zu Hause kleine Samenzwiebeln heraus, und wenn ein neuer Zug Gefangener kam, liefen sie ihnen entgegen, und schrieen: boulon! und zeigten die Zwiebeln. Die Franzosen aßen die Zwiebeln für ihr Leben gern. Sie schnitten sich die Knöpfe vom Mantel und vom Rock und tauschten sie gegen 1—3 Zwiebeln ein. Ich hatte zwei Kistchen voll zu Hause, von allen möglichen Regimentern.

Unsere Häuser lagen voll von deutschen Soldaten, die die Baracken zu versorgen hatten. Das kriegten die Bauern auch manchmal satt, und ich mußte sie manchmal auszanken, daß sie besser zu den Soldaten sein sollten. Ich mußte ja alle Quartierzettel und Rechnungen schreiben.

Am 22. Februar kam Hochwasser. Da mußten alle einpacken, und in der Nacht zogen alle Gefangenen ab nach Dresden auf den Alaunplatz. Sie dachten wahrscheinlich, es ginge nach Hause, denn sie sangen alle fröhlich und warfen alles mögliche weg: Kochkessel, Mäntel, Mützen. Da hat mancher vom Dorf früh tüchtig aufgelesen.

Wie das Wasser verlaufen und der Boden trocken war, kamen sie wieder. Es dauerte aber nicht lange, trat der Typhus auf. Darum wurde auch ein Lazarett gebaut. Mit den Aerzten war schlecht auszukommen. Sie verlangten einen trockenen Fußweg bis zum Lazarett. Da mußten wir einen Weg über einen Meter breit mit Ziegeln auslegen. Das hat mir viel Aerger mit den Bauern gebracht.

Es starben viele am Typhus, besonders Zuaven. Sie wurden alle auf dem Kaditzer Friedhof begraben, die Zuaven in Massengräbern.

Als die Gefangenen schließlich fort waren, habe ich auch den Typhus gekriegt. Da hat mich ein Militärarzt nur mit Buttermilch kuriert.

Meine vielen Rechnungen von der Einquartierung während des Fünfvierteljahrs gingen so glatt, daß kein einziger Protest kam. Da hat mir der Vorstand Zschimmer 8 Thaler geschenkt.

Mündlich überliefert. W. Ullmann.

Die beiden Fotos belegen, dass sich der dörfliche Charakter Übigaus trotz der massiven Eingriffe durch Industrie und Gewerbe in den letzten 170 Jahren weitgehend erhalten hat. Die obere Aufnahme zeigt allerdings die Häuser des Dorfplatzes (heute Altübigau) vor der Zerstörung im Januar bzw. März 1945. Die Lücken wurden in den 1950er-bzw. 1990er-Jahren wieder geschlossen. Das untere Foto zeigt die Rethelstraße mit ihren Bauernhäusern in den 1980er-Jahren. In dem kleinen Haus auf der linken Seite befand sich eine Firma, die Sauerkraut herstellte. Im Hintergrund sind das Dach des Schlosses und der Eingang zur Werft zu erkennen.

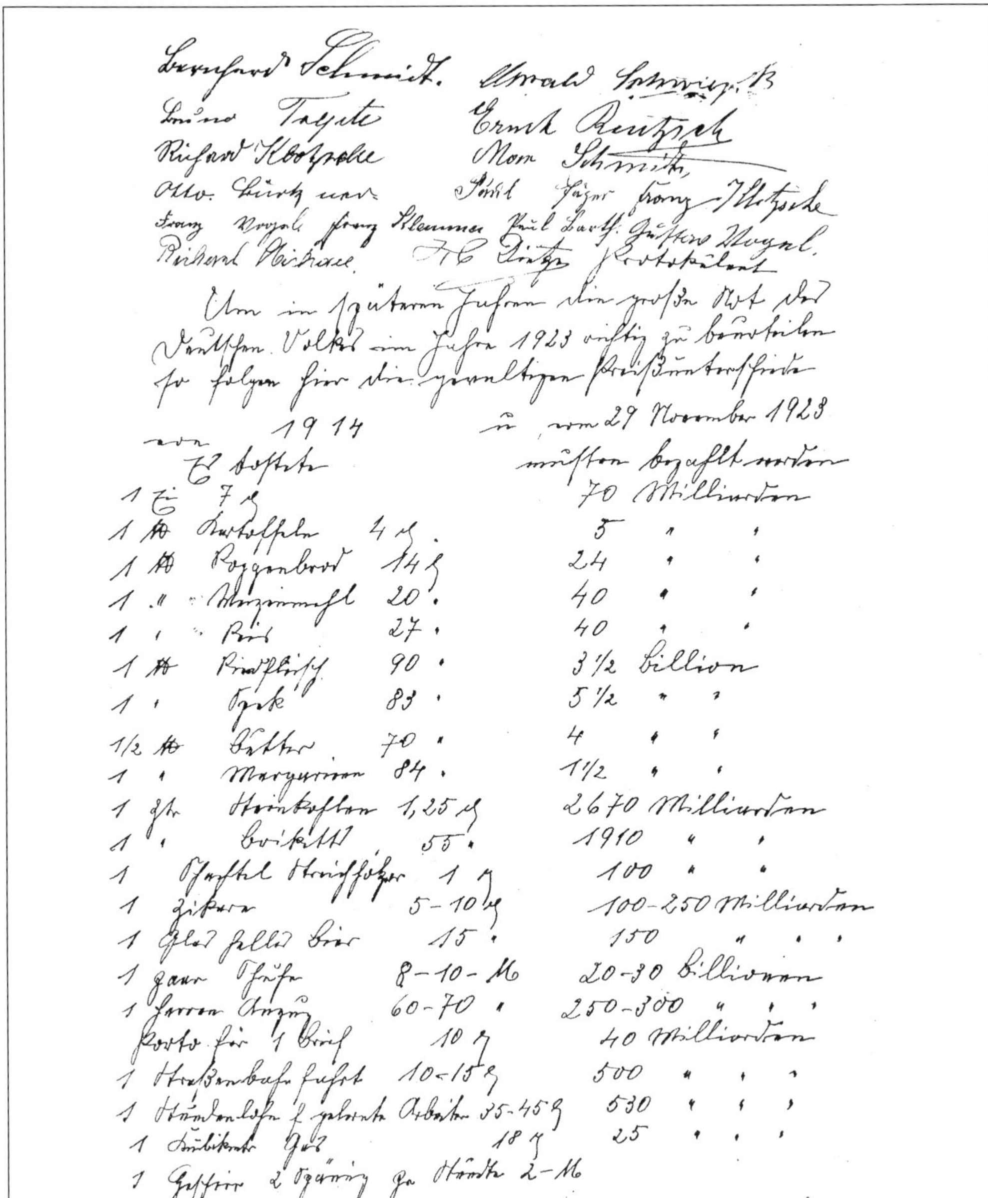
Bernhard Schmidt. Oswald [illegible]
[illegible] Ernst Reutzsch
Richard [illegible] Max Schmidt,
Otto [illegible] Paul Jäger Franz [illegible]
Franz Vogel Franz Klemmer [illegible] Gustav Vogel.
Richard [illegible] F. C. Dietze Protokollant

Um in späteren Jahren die große Not des Deutschen Volkes im Jahre 1923 richtig zu beurteilen so folgen hier die gewaltigen Preisunterschiede

1914		u. vom 29 November 1923
Es kostete		mußten bezahlt werden
1 Ei	7 ₰	70 Milliarden
1 Pfd Kartoffeln	4 ₰	5 " "
1 Pfd Roggenbrot	14 ₰	24 " "
1 " Weizenmehl	20 "	40 " "
1 " Reis	27 "	40 " "
1 Pfd Rindfleisch	90 "	3 1/2 Billion
1 " Speck	83 "	5 1/2 " "
1/2 Pfd Butter	70 "	4 " "
1 " Margarine	84 "	1 1/2 " "
1 Ztr Steinkohlen	1,25 M	2670 Milliarden
1 " Brikett	55 "	1910 " "
1 Schachtel Streichhölzer	1 ₰	100 " "
1 Zigarre	5-10 ₰	100-250 Milliarden
1 Glas helles Bier	15 "	150 " "
1 Paar Schuhe	8-10 M	20-30 Billionen
1 Herren Anzug	60-70 "	250-300 " "
Porto für 1 Brief	10 ₰	40 Milliarden
1 Straßenbahnfahrt	10-15 ₰	500 " "
1 Stundenlohn f. gelernte Arbeiter	35-45 ₰	530 " "
1 Kubikmeter Gas	18 ₰	25 " "
1 Geschirr 2 spännig pro Stunde	2 M	

Obige vorstehende Angaben festgestellt F. C. Dietze z. Z. Vorstand

Das über 100 Seiten umfassende Protokollbuch der „Übigauer Nachbarschaft" enthält Berichte von den jährlichen Versammlungen und den dabei vollzogenen Aufnahmen neuer Mitglieder. Die Texte sind sehr sachlich und beziehen sich in der Regel immer auf unmittelbare Ereignisse in Übigau. Interessant ist deshalb der Vermerk von 1923, in dem ein Vergleich der Preise für Lebensmittel und Dienstleistungen zwischen 1914 und 1923, dem Jahr der höchsten Inflation in Deutschland, vorgenommen wird. Ein Kilo Kartoffeln kostete nun statt vier Pfennigen fünf Milliarden Reichsmark Für einen Zentner (50 kg) Brikett musste man statt 55 Pfennigen nun 1.910 Milliarden Reichsmark bezahlen.

Die Ansichtskarte zeigt verschiedene Straßenansichten und unterschiedliche Bauweisen – von dörflich über offen bis geschlossen –, die in Übigau nebeneinander zu finden sind. Die beiden Gebäude auf dem unteren Bild haben durch Kriegsschäden ihre Dächer und Obergeschosse verloren und sehen deshalb heute etwas verändert aus. Das „Beamtenhaus“ in der Mitte ist bei einem Bombenangriff ausgebrannt.

Weihe

der

neuen Schule

zu

Uebigau

Dienstag, den 20. April 1897.

George Füllborn, Pieschen-Dresden.

Nachdem dem zum wiederholten Male gestellten Antrag der Gemeinde Übigau zur „Ausschulung“ aus dem Schulbezirk Mickten-Übigau am 14. März 1896 stattgegeben wurde, ging man umgehend daran, ein eigenes Schulgebäude zu errichten. Innerhalb von neun Monaten war der Bau fertig. Am 30. Juli 1896 erfolgte der erste Spatenstich, am 15. August war Grundsteinlegung und am 20. April 1897 konnten der Königliche Bezirksschulrat Fink und der Oberschulinspektor Schreckenbach das neue Übigauer Schulgebäude einweihen. Die Kosten des Neubaues einschließlich des Inventars betrugen 79.481,89 Mark und wurden vollständig von der Gemeinde getragen. Am 10. November 1897 trat die Localschulordnung der Schulgemeinde Übigau in Kraft.

Nachdem bereits 1899 am Schulhaus ein kleiner Anbau errichet sowie die Turnhalle gebaut worden war, erhält die Schule 1928 für 650.000 Mark einen neuen und wesentlich größeren Anbau. Am 17. Oktober fand dessen Einweihung statt. Die Schule erhielt damals im Wesentlichen ihr heutiges Aussehen. Gleichzeitig erfuhr das Schulgebäude eine Modernisierung, erhielt z. B. eine Heizung. Das untere Bild zeigt einen Blick in einen modernen Klassenraum. Tische und Stühle sind nicht mehr fest angebracht und können flexibel umgestellt werden.

Der neue Anbau (Vordergrund) an den Anbau (Mitte) des alten Schulgebäudes ist deutlich zu erkennen. Noch verdecken keine Bäume den Eingang – schon wenige Jahre später sah dies anders aus.

Das Übigauer Lehrerkollegium auf einem während des zweiten Weltkriegs entstandenen Foto. Ab 1933 kam es zu ständigen Verhaftungen von Lehrern durch SA. Am 4. April 1933 löste Adolf Haußig auf Anordnung des Reichskommissars für das Volksbildungsministerium den Schulleiter Mehner nach acht Jahren (aus politischen Gründen) ab.

Die beiden Fotos zeigen Übigauer Schulkinder. Das obere ist vor dem Krieg entstanden, das untere währenddessen. Die Folgen des Krieges waren auch in den Schulen zu spüren. Es kam zum Ausbruch von Krankheiten wie Paratyphus und Kinderlähmung, die sich stark ausbreiteten. Um deren Weiterverbreitung zu verhüten, schloss das Gesundheitsamt vom 28. August bis 22. Oktober 1941 die Dresdner Schulen.

Zu diesem Bild schrieb Sonja Büchner, geb. Möller, die 1948 gerade ihr Abitur abgelegt hatte, und als Neulehrerin in Übigau begann. „Gerade noch Schülerin der 12. Klasse gewesen – als Neulehrerin beworben – und mit Schwung vor diese 6. Mädchenklasse gestellt. – Sie empfing mich mit Applaus. – Zwei Jahre später entließ ich sie."

Mit dem Schuljahr 1955/56 wurde der „Erweiterte Russischunterricht" für interessierte Dresdner Jungen und Mädchen ab Klasse 3 eingeführt. Die Schule nannte sich nun 42. Allgemeinbildende Polytechnische Oberschule mit erweitertem Russischunterricht. Auf dem Foto sind u. a. Gred Bohnhardt (1) und Detlef Köster (2), die späteren Betreiber des Cafés an der Oschatzer Straße in Pieschen, zu sehen.

Auch Lehrer dürfen feiern. Hier taten sie dies in den 1950er-Jahren bei einem Ausflug des Kollegiums mit der Pferdekutsche. Zu sehen sind u. a.: Herr Herrmann (ganz links), Sonja Büchner (2.v.l.), Herr Dathe (3.v.l.), Sonja Klemm (ganz rechts), Herr Hoffmann (4.v.r.).

Ein Bild mit einer besonderen Geschichte. Zum Schuljahresabschluss 1961 verließen einige Lehrer die Schule und so entstand dieses Foto von Sonja Büchner (vorn, Mitte) mit ihren inzwischen 15 Kollegen. Direktor Müller bestand darauf, dass die jungen Lehrer unbedingt ihre FDJ-Hemden bzw. -Blusen zu tragen hatten, einige mussten diese sogar noch von zu Hause holen.

Die Schule besaß im ersten Stock einen Festsaal mit kompletter moderner Bühneneinrichtung, mehreren Vorhängen, Bühnenscheinwerfern, Rampenbeleuchtung und sogar einem Souffleurkasten. Im Saal fanden neben offiziellen Veranstaltungen und Feiern – auf dem Foto Günther Stäglich (links) mit Ursula Dietze 1954 bei einer Kulturveranstaltung – Theateraufführungen statt. Die Übigauer zeigten großes Interesse. „Kostüme zauberten wir selbst oder liehen sie uns im Theater der Jungen Generation", schreibt Sonja Büchner. Die Theatergruppe trat aber auch im Speisesaal der Dampfkesselbauer auf, Foto unten beim Weihnachtsmärchen.

Nicht nur die Zuschauer, auch die Darsteller hatten ihre Freude an dem Theaterspiel. Allen hat es Spaß gemacht und für einige wurden daraus die Bretter, die die Welt bedeuten. Auf den Bildern ist eine Aufführung von „Des Kaisers neue Kleider“ zu sehen. Den Kaiser spielt der bekannte Dresdner Kabarettist Gunter Antrak, der damals in Übigau zur Schule ging.

Ab 1970 hieß die Übigauer Schule nach dem Dresdner Antifaschisten 42. POS „Herbert Bochwitz". In diesem Zusammenhang wurde ein Gedenkstein auf dem Schulhof aufgestellt. 1973 fand die Grundsteinlegung für eine neue Turnhalle statt. 1986 gab es im gesamten Schulhaus Rekonstruktions- und Sanierungsarbeiten. Entsprechend dem Stadtratsbeschluss wurde die Schule am 23. August 2000 aber endgültig geschlossen. Das Gebäude steht seitdem leer und soll verkauft werden.

Kurz nach dem Krieg konnte man schon wieder fröhlich sein, wie das obere Foto beweist. Heinrich (5.v.l.), der Bruder von Carl Dietrich, feierte am 12. Juni 1946 seine Hochzeit mit Elsa Seichter, geb. Hoffmann, aus Oppeln und lud dazu auch die Verwandtschaft ein. Sogar der Brautstrauß wurde nicht vergessen.

Eine elektrische Modelleisenbahn ist wohl der Traum eines jeden Jungen. Für Günther Stäglich wurde er zum Weihnachtsfest 1946 wahr. Da bekam er eine Märklin geschenkt. Einen bitteren Beigeschmack hatte dieses Geschenk aber: Es gehörte eigentlich seinem Stiefbruder Fritz, der seit 1943 in Stalingrad vermisst wurde.

Eine Generation liegt zwischen den Bildern. Oben ist Helfried Dietrich (Mitte), Cousin von Günther Stäglich, im Faschingskostüm mit Freunden zu sehen. Das Bild entstand wieder an der Flutrinne. Die Brücke kann man hier allerdings nicht sehen. Auf dem unteren Bild ist Günther Stäglichs Sohn Karsten mit Mutter (dahinter) und Oma (rechts) zu sehen. Die Kinder aus dem Haus gehörten schon fast zur Familie und spielten oft mit Karsten.

Zwei Bilder von fast symbolischer Bedeutung. Beide entstanden im Wohnzimmer von Johanne und Carl Dietrich, oben mit Günther Stäglich, ihrem Pflegesohn, anlässlich dessen Jugendweihe 1956. Unten sind beide allein zu sehen. Im Hintergrund steht der Fernseher, kein neues Modell mehr, aber noch funktionsfähig.

Übigaus dritter Kindergarten gehörte TuR und dem Dampfkesselbau (DKÜ) gemeinsam. Er befand sich in gemieteten Räumen im Erdgeschoss eines Wohnhauses an der Werftstraße 6. Die Familie Fehrmann stellte Land zur Verfügung, sodass die Kinder auch einen Garten zum Spielen hatten.

Anfangs wurden mit den Kindergartenkindern auch die Hortkinder hier betreut. Für diese wurden aber ab 1959 Räume in der Schule eingerichtet, sodass die 44 Plätze ausschließlich für die Kindergartenkinder genutzt werden konnten.

Zum Fototermin vorm Haus an der Werftstraße 6 hatten Kinder und Erzieherinnen Aufstellung genommen. Das Bild entstand wahrscheinlich noch in den 1950er-Jahren. Die Einrichtung blieb dort bis nach 1990. Später entstand daraus die Übigauer Großfamilie e.V., ein freier Träger, der seinen Sitz heute in Altübigau hat.

Karsten Stäglich schaute sich mit Mutti und Oma schon einmal den Kindergarten an, den er in einigen Jahren besuchen sollte. Später feierte er (Mitte) natürlich kräftig mit beim Fasching. Neben den zwei Betriebskindergärten von TuR (Scharfenberger Straße sowie Scharfenberger Straße/Ecke Washingtonstraße) und dem gemeinsam mit dem DKÜ betriebenen Kindergarten (Werftstraße 6) gab es auf der Overbeckstraße (Foto) noch eine städtische Einrichtung.

Ein Blick in die Overbeckstraße zeigt die nach 1933 gebauten Häuser. In der Nummer 25c wohnte Günther Stäglich viele Jahre mit seiner Familie bis zum Umzug nach Leutewitz. Das untere Foto ist eines der wenigen Winterbilder aus dem Album.

Das Haus auf dem oberen Foto, an der Mengsstraße gelegen (Foto 1935), wurde im Krieg völlig zerstört und nicht wieder aufgebaut. Auf dem unteren Foto ist deutlich eine eingestürzte Hauswand zu erkennen. Hierzu gibt es einen Bericht von Frau Knorr. „Im Garten gruben drei Jungen einen tiefen Graben, um das Haus zu isolieren. Neugierig, wie wir waren, traten wir näher. Wir sahen eine Weile zu. Auf einmal fing die Hauswand an zu wackeln und stürzte mit lautem Krach zusammen. Zwei Jungen wurden verschüttet, kamen aber – abgesehen von einigen Blessuren – mit dem Schrecken davon." Das Haus wurde wieder instand gesetzt.

In Übigau gab es zahlreiche Gaststätten. Zwei sind auf diesen Bildern zu sehen. Inhaber des 1902 erstmals genannten Restaurants „Zur Kette", Rethelstraße 20 war Franz Roßbach, 1904 übernahm es dessen Witwe Minna Roßbach. Danach tauchen verschiedene Eigentümer auf: August Seifert (1906), Paul Braun (1913), Karl Rossbach (1930). Im Krieg wurde das Haus schwer beschädigt und später abgerissen. Im ehemaligen „Hansacafé" an der Ecke Kaditzer Straße/Mengsstraße befindet sich heute ein Blumengeschäft.

Auch das „Fliegerheim", Restaurant und Hotel, gehörte zu den bekannten und beliebten Gaststätten in Übigau. Es war 1914 im Besitz von Ernst Rentzsch, später führte es dessen Witwe Frida Rentzsch weiter. Heute befindet sich im Erdgeschoss eine private Arbeitsvermittlung.

Hotel und Restaurant

„Fliegerheim"

Inhaber Ernst Rentzsch

Mengsstr. 4 / Fernsprecher 22265

ff. Biere / Weine / Div. Speisen

In den 1980er-Jahren übernahmen Martina und Michael Oefler die Übigauer Drogerie in der Kaditzer Str. 28. Das Haus, damals im Eigentum der Kommunalen Wohnungsverwaltung (KWV), war wie viele andere auch in einem desolaten Zustand. Auf Initiative und unter Mithilfe der Mieter wurde später die Fassade instandgesetzt. Das Foto unten zeigt die Schaufenstergestaltung der Drogerie im April 1989. Schüler der Übigauer Schule hatten diese anlässlich des 150. Jahrestages der 1. deutschen Ferneisenbahn Dresden-Leipzig gestaltet.

Die Werftdrogerie an der Eosanderstraße, wie die Werftstraße hier noch heißt, war ein bekanntes Geschäft, in dem sicher nicht nur die Übigauer, sondern auch die Beschäftigten der Werft einkauften. Darauf verweist Besitzer Tamme wohl nicht ganz zufällig. Später befand sich in dem Gebäude ein Konsum-Lebensmittelmarkt.

Werft-Drogerie Übigau

gegenüber der Werft
Inhaber: E. Tamme

Drogen / Chemikalien
Farben / Zigarren
Zigaretten / Tabak

KOLONIALWAREN

Das Adressbuch für Dresden von 1926/27 nennt für Übigau 39 verschiedene Geschäfte oder Firmen. So gab es z. B. fünf Bäckereien (Albert Neumann, Albin Kunze, Alfred Hengst, Kurt Sachse, Otto Bürkner), drei Fleischereien (Kurt Ritter, Paul Ilschner, Robert Schmidt) sowie vier Lebensmittelgeschäfte (Frau verw. Schirach, Gustav Richter, Hugo Rümmler, Hugo Schäfer), sechs Gaststätten (Restaurant zur Schiffswerft, Restaurant Fliegerheim, Stehbierhalle Gasthof Übigau, Werft-Kantine, Restauration und Fahrradgeschäft, Gasthof Übigau). Aber auch Schneider, Schuhmacher, Baugeschäfte, Holz- und Kohlenhandlung oder Zigaretten- und Zigarrenhändler sind verzeichnet. Stellvertretend für alle stehen die Anzeigen der beiden Geschäfte aus einer Festschrift des Übigauer Turnvereins.

Der Gasthof Übigau in der Rethelstraße 43, als dessen Eigentümer 1926/27 W. Bent und Frau genannt wird, war über viele Jahrzehnte eine gute Adresse. Ein neuerbauter, eleganter Concert- und Ballsaal, ein Biergarten mit „staubfreier Terrasse" und seine Lage an der Elbe machten den Gasthof zu einem beliebten Ausflugsziel der Dresdener, die am Sonntag „ins Grüne" hinaus wollten. Dank Straßenbahn war die Anreise sehr bequem. Vom Garten des Gasthofes Übigau hatte man einen wunderbaren Blick über die Elbwiesen bis in die Altstadt.

Die Idylle auf dem oberen Foto, aufgenommen im Garten des Gasthofes, trügt. Nach Beginn des Zweiten Weltkrieges kamen kaum noch Besucher nach Übigau. Tanzveranstaltungen fanden nicht mehr statt, weil abends die Fenster verdunkelt werden mussten. Daher entschloss sich Gasthofbesitzer Dietze 1942, den Saal zu Wohnungen umzubauen; es zogen vor allem damals so genannte Auslanddeutsche ein. In den Kriegsjahren ab 1940 waren zeitweise Kinder aus Heidelberg in Übigau einquartiert. Im Gasthof wurden sie verpflegt. Von 1940 an hatten Richard und Marta (rechts) Oelschläger die Gaststätte von den Besitzern gepachtet. Johanne Dietrich half in der Küche aus. Beim Bombenangriff am 2. März 1945 wurden Gasthof und Saal vollständig zerstört. Das Gewölbe unter der Gaststätte bot beim Bombenangriff auf Übigau vielen Menschen Schutz. Brigitte und Mutter Marta wohnten von da an bei Dietrichs, Overbeckstraße 14. Richard war noch im Krieg.

Anstelle des Gasthofes und Sales wurden in den 1950er-Jahren Wohnhäuser an der Zinggstraße (benannt nach Maler und Kupferstecher Adrian Zingg, geb. 24.4.1734 in St. Gallen, gest. 26.5.1816 in Leipzig) gebaut. In dem Gebäude an der Ecke Rethelstraße richtete die Kaditzer Emmausgemeinde 1956 eine Kapelle ein. Regelmäßig finden nun auch in Übigau Gottesdienste, Chorstunden und viele andere Gemeindetreffen statt. Auf dem Dach des Vorbaus brachte die Gemeinde das Kreuz der Kaditzer Schule vom Riegelplatz an. Es musste auf staatliche Anweisung von dort entfernt werden. So erhielt die Kapelle ihren Namen – Kreuzkapelle. Am 10. Januar 1999 um 9.30 Uhr begann der Entwidmungsgottesdienst. Anschließend gingen die Teilnehmer mit den Altaruntensilien gemeinsam den Weg zur Micktener Kapelle in der Homiliusstraße 15. Damit fanden 42 Jahre relativ eigenständiges Gemeindeleben ein Ende.

Wenige Jahre nach Kriegsende, der Wiederaufbau der Dresdner Innenstadt hatte gerade begonnen, beschlossen die Angehörigen der Schiffswerft Übigau an der Rethelstraße/Ecke Zinggstraße, „ihr" Kulturhaus „Völkerfreundschaft" zu bauen. 1954 setzten sie diesen Plan in zahllosen freiwilligen Stunden um. Als die Werft Ende 1958 aufgelöst wurde, übernahm TuR mit dem Standort in Übigau auch das Kulturhaus und betrieb es viele Jahrzehnte. Der Name wurde später nicht mehr verwendet. Oben ist im Hintergrund das „große Haus", die ehemalige Kaserne, zu sehen. Die untere Aufnahme zeigt den bereits aufgebrachten Dachstuhl, das Richtfest konnte gefeiert werden.

Der Rohbau war fertig. Gut zu erkennen sind die lange Fensterfront (Bild oben) sowie die Galerie (Bild unten). Ursprünglich sollten für das Kulturhaus noch zwei weitere Baustufen folgen, die in Richtung Rethelstraße einen Anbau mit kleinem Saal, Gaststätte, Clubräumen sowie Büros vorsahen. In Elbrichtung sollte hinter der Bühne das Bühnenhaus errichtet werden. Beide Pläne kamen nicht mehr zur Ausführung, das Haus jedoch nutzte man trotz der Provisorien über 30 Jahre regelmäßig.

Lächeln für das Fotoalbum: Werftarbeiter und ihre Angehörigen, die am Bau des Kulturhauses mitgewirkt hatten. Leider konnten die Namen der Personen bisher nicht ermittelt werden. Nach der Fertigstellung fanden im Kulturhaus regelmäßig Veranstaltungen statt. Die Gästebücher sprechen für sich, zahlreiche Prominente wie Marita Böhme, Angelica Domröse, Hilmar Thate, Wolfgang Lippert, Gerd Christian, Gunter Emmerlich oder die Herkuleskeule, die mehrfach Gastspiele gab, hatten hier ihre Auftritte. Legendär waren die „tollen Tage" des Karnevalclubs Übigau (KCÜ) zum 11.11. sowie in der folgenden Faschingszeit. Die Karten dafür waren schon wochenlang im Voraus ausverkauft.

Blick in den Saal des Kulturhauses, dessen Manko der nicht vorhandene Bühneneingang war. „Überraschungsgäste" zu präsentieren war daher kaum möglich. Über eine ungenügende Auslastung konnte man sich trotzdem nicht beschweren. Neben Kulturveranstaltungen fanden hier auch Betriebsversammlungen und Konferenzen statt. Im Keller hatte der Jugendclub seinen Treff eingerichtet und nutzte den Saal auch für gelegentliche Tanz- und Diskothekveranstaltungen. Im Sommer 1990 schloss das Kulturhaus für immer, war dann lange dem Verfall preisgegeben. Schließlich verkaufte die TLG (Treuhand Liegenschaftsgesellschaft) es an Eberhard Bosslet, Professor an der Dresdner Kunsthochschule.

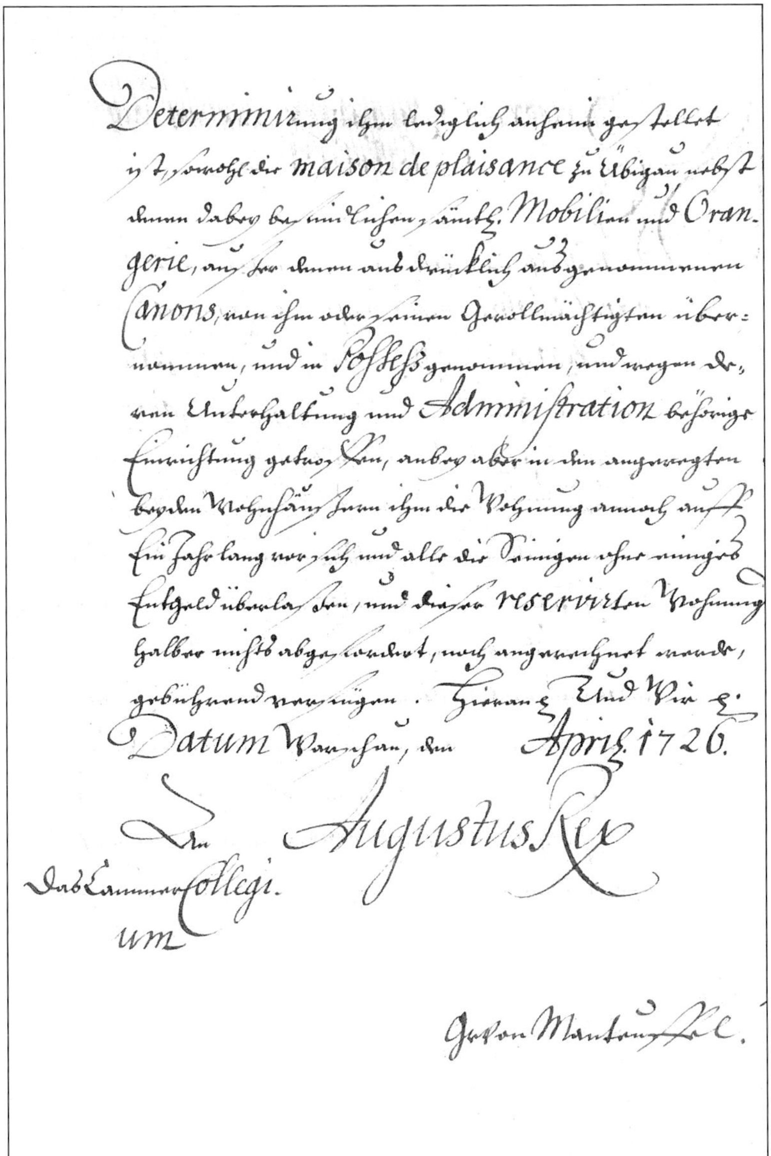
Determinirung ihm lediglich anheim gestellet ist, sowohl die maison de plaisance zu Übigau nebst denen dabey befindlichen, ämtl. Mobilien und Orangerie, auf den ihnen ausdrücklich ausgenommenen Canons, von ihm oder seinen Bevollmächtigten übernommen, und in Possess genommen, und wegen deren Unterhaltung und Administration behörige Einrichtung getroffen, anbey aber in den angewiesenen beyden Wohnhäusern ihm die Wohnung annoch auf ein Jahr lang vor sich und alle die Seinigen ohne einiges Entgeld überlassen, und dieser reservirten Wohnung halber nichts abgezogen, noch angerechnet werde, gebührend verfügen. Hieran p. Und Wir p.
Datum Warschau, den April 1726.

Augustus Rex

An das Cammer Collegium

Ge. von Manteuffel.

Günther.

Ein persianisches Schloss sollte er sein, der in Übigau errichtete Bau. Nach den im chinesischen Stil gebauten Pillnitzer Schlössern und dem als Japanisches Palais geplanten Bau auf der Neustädter Seite war der sächsische Kurfürst und König von Polen August der Starke bemüht, seine Neuerwerbung entsprechend repräsentativ um- und auszugestalten. Am 26. April 1726 kaufte er seinem Minister, Jacob Heinrich Reichsgraf von Flemming, das bereits im Bau befindliche Übigauer Schloss ab und ließ entsprechende Um- und Ausbauten vornehmen. Bereits ein Jahr später nutze er es für seine spektakulären Feste.

Flemming, enger Vertrauter Augusts des Starken, schrieb am 15. März 1724 an seinen Herrn, „dass er […] bei dem Dorf Mickten, jenseits der Elbe, […] ein ‚Maison de plaisance' zu errichten" gedenke, dabei nichts weiter beabsichtige, „als dessen Vergnügen und den von Dresden aus seienden Prospekt des Landes zu bessern." Als Baumeister verpflichtete er Eosander von Göthe, der in Preußen mit prachtvollen Bauten (Niederschönhausen, Charlottenburg, Stadtschloss) und Ausstattungen (Königsberger Kirche) in Erscheinung getreten war.

Dem Hofbaumeister Johann Friedrich Eosander von Göthe gelang ein genialer Wurf, der eine südländische Interpretation des Barocks nach Sachsen brachte. Kühn war vor allem seine Dachkonstruktion und die auf beiden Etagen vorhandenen, an den Ecken unterbrochenen offenen Bogengalerien – nördlich der Alpen wohl einmalig!

Großer Wert wurde auf die Gestaltung des Parks gelegt, der den Repräsentationswünschen des Hofes entsprechen sollte. Eine Orangerie war wohl ebenso vorhanden wie ein Amphitheater, Laubengänge, ein Teich und eine zentrale Brunnenanlage. Höhepunkt der Gestaltung war die zweiflüglige Treppe zur Elbe mit Anlegestelle für die Gondeln, die Augusts Idee vom Canale Grande nach venezianischem Vorbild Gestalt verleihen sollte.

Zur Elbe hin wurde der Gesamtkomplex durch eine massive Mauer aus Sandsteinquadern abgeschlossen. Diese war aber offensichtlich zu schwach dimensioniert, sodass sie sich schon nach wenigen Jahrzehnten neigte und mit Stützen abgesichert werden musste. Diese nehmen ihr allerdings die ursprüngliche Leichtigkeit.

Im Laufe der Zeit wurden die Galerien, je nach Intention der Eigentümer, ganz oder teilweise geschlossen oder wieder geöffnet. In den letzten Jahrzehnten blieb allerdings nur die obere an der Elbseite erhalten. Die anderen erhielten Fenster, auch um zusätzlichen Platz zu gewinnen, und lassen so den Blick auf Eosanders geniale Idee nur erahnen.

August der Starke ließ während der Umbauten mit Krone und Wappen auch die Zeichen kurfürstlich-königlicher Macht am Gebäude anbringen.

Ein Bericht aus dem Jahre 1777 zeigt, welchen Reiz Schloss Übigau auch auf die Dresdener Besucher ausübte: „Übigau ein Churfürstliches Lustschloß, eine halbe Stunde von der Residenz an dem rechten Ufer der Elbe gelegen, ist von dem ehemaligen Königl. Poln. Minister und Favoriten Augustus des dritten Fürsten Sulkowsky angelegt, und mit einem schönen Garten geziert worden. Nach dessen Fall, welcher im Jahre 1739 erfolgte, brachten Ihro Majestät diesen Lustort käuflich an sich. Dieses kleine Palais ist von einer vortrefflichen Bauart und die innere Vertheilung der Zimmer mit viel Geschmack und Pracht eingerichtet. Der Garten, welcher aus verschiedenen Terraßen besteht, hat vortreffliche schöne Alleen von Castanien und Lindenbäumen, ausgesuchte Hecken, vorzüglich aber giebt ihm seine reizende Lage die grösste Zierde. Man kann sich ohnmöglich etwas Schöneres denken als die Aussicht aus diesem Garten auf die Stadt Dresden und die ganze herum liegende Gegend. Unter der Regierung Augustus des dritten wurde dieses Palais gemeiniglich der Königl. Jungen Herrschaft zum Sommervergnügen angewiesen. Gegenwärtig aber wird er selten oder gar nicht von der hohen Herrschaft besucht."
(Benjamin Gottfried Weinart, Topographische Geschichte der Stadt Dresden und der um dieselbe herumliegenden Gegenden", 1777)

Zwei Anmerkungen sind an dieser Stelle wichtig: Es war bekanntlich nicht Sulkowski, der Schloss Übigau bauen ließ, sondern Flemming. Sulkowskis Sturz am Dresdner Hofe war auch nicht erst 1739, sondern der Minister wurde bereits 1738 aus dem Dienste des Königs entlassen. Das Schloss war bereits seit 1736 wieder in königlichem Besitze. Warum sich August III. dazu entschloss, kann man bei Gerlach nachlesen.

„Der Kurprinz Friedrich Christian, vermählt mit Maria Antonia, der Tochter Karls VII. von Österreich, hatte 1736 das Palais am Taschenberg bezogen, und es herrschte Raummangel für die Unterbringung der anderen Prinzen sowie das Bedürfnis nach dem Besitz eines nahe bei der Residenz gelegenen Aufenthaltsortes, der ähnlich wie die Schlösser Moritzburg und Pillnitz gelegentlichen Ansprüchen des Hofes zur Verfügung stand. Die Wahl des Königs fiel auf das nahe gelegene Übigau, das durch seine günstige Lage den Anforderungen am ehesten entsprechen konnte. Die Verhandlungen mit der Familie Sulkowski fanden einen raschen Abschluß, und am 27. August 1736, genau drei Jahre nach der erfolgten Schenkung, erwarb der König das Schloß von Sulkowskis ältestem Sohne für einen Preis von 180.000 Taler, zu denen noch 5.000 Taler Schlüsselgeld kamen."
Wolfgang Gerlach, Schloß Übigau, in: Arbeiten aus dem Stadtarchiv und der Stadtbibliothek zu Dresden, Band 8, Verlag von C. Heinrich, Dresden = N., 1937.

Der Kunsthistoriker und Denkmalpfleger Cornelius Gurlitt ist wohl der Letzte, der von „dem ehemals reichen Gartenschmuck mit plastischen Gestaltungen" (Fritz Löffler: Das Alte Dresden) noch zahlreiche selbst gesehen hat. Er beschreibt vier Figurengruppen in der Mitte, fünf Postamente auf der rechten Seite, fünf Figuren und zwei Vasen auf der linken Seite. „Der Meister dieser originellen Gruppen ist unbekannt." (Fritz Löffler, ebda.) Im Laufe der Zeit wurden viele Putten oder Vasen zerstört, verkauft oder sind auf bisher unerklärliche Weise „verschwunden". In den 1980er-Jahren wurden durch das damalige Institut für Denkmalpflege die in Übigau verbliebenen Figuren gesichert.

Foto oben: Schloss Übigau, 2 Putten mit Halsketten in antiken Kostümen, tanzend, Hand mit Maske der Tänzerin abgeschlagen, Sandstein, um 1730. Aufnahme: 1951, Repro: SLUB, Deutsche Fotothek.
Foto unten: Kopie einer Puttengruppe. Foto: Naumann

Auf den beiden Fotos von Willy Rahnfeld, einem „alten Übigauer, der 1985 verstorben ist“, sind ebenfalls noch einige der Figuren zu sehen. Der Zeitpunkt der oberen Aufnahme ist leider unbekannt. Unten sind Helmut und Liesel Parten aus Pieschen zu sehen.

Dieses Bild entstand 1942. Die Fotos stellte Klaus Rahnfeld, Cossebaude, aus dem Archiv seines Vaters zur Verfügung. Baumgruppen und Blumenrabatten auf dem oberen Foto lassen erkennen, dass der Übigauer Park in dieser Zeit einiges von seinem Glanz wiederbekommen hat.

Auch diese beiden in den 1950er-/1960er-Jahren entstandenen Fotos gewähren einen Blick in den Übigauer Schlosspark. Das Schloss nutzte der Dampfkesselbau als Verwaltungssitz, eine Gaststätte gab zu der Zeit nicht mehr, aber es fanden Schlossfeste statt. Auf dem oberen Bild ist im Hintergrund das Schloss mit der Freitreppe in den Park zu sehen. Fotograf des 1956 aufgenommenen unteren Bildes war W. Rahnfeld.

Fabrikgebäude der Maschinenbau Anstalt zu Übigau

Nach einem Scharmützel zwischen Franzosen und Russen mit den verbündeten Preußen am 9. Mai 1813 zogen zunächst französische, später russische Truppen in das Schloss ein, raubten und zerstörten den Teil des Inventars, der nicht in Sicherheit gebracht werden konnte. Knapp 20 Jahre blieb das Gebäude stehen, mehr Ruine als Schloss. Dann versteigerte es der Hof. Neuer Besitzer wurde der Ratszimmermeister Paul Siemen. Der ließ das Schloss wieder herrichten und verkaufte es später für 16.000 Taler an den Actien-Maschinen-Bau-Verein, dessen Mitgesellschafter er war. Im Park entstanden die Gebäude zur Produktion der Maschinen und Anlagen, im Schloss fanden Verwaltung, Zeichenräume und eine Wohnung ihren Platz.

Ziel des Vereins sei es, „sich zunächst mit der Erbauung von Dampfmaschinen aller Art, als stationären, Schiffs und Dampfmaschinen, Eisenbahn-Dampfwagen sowie von Dampfkesseln, mit der Herstellung gangbarer Zeuge, und nach völliger Begründung dieser Branche des Maschinenbaus mit der Erbauung von Spinnmaschinen und damit verwandten Mechaniken zu beschäftigen." Auf der Vogelwiese am Johannstädter Elbufer baute der Verein die ersten Dresdner Dampfschiffe. Hier ging das erste deutsche Personendampfschiff „Königin Maria" vom Stapel. Vor dem Übigauer Schloss baute man später Antrieb und Kessel in das Schiff ein. Seine erste öffentliche Fahrt führte am 6. August 1837 nach Rathen im Elbsandsteingebirge. Im Jahr darauf wurde mit der „Saxonia" die erste fahrtüchtige Lokomotive auf dem Kontinent gebaut und damit Englands ausschließliches Monopol in Frage gestellt.

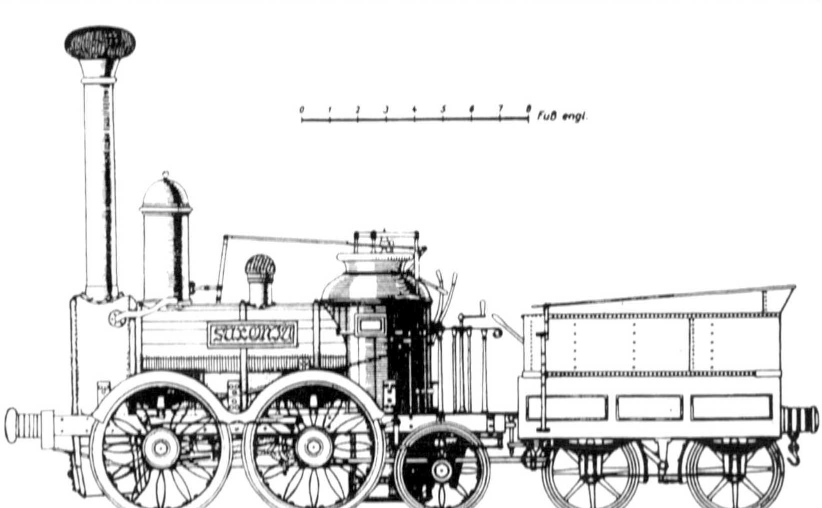

Maßskizze der SAXONIA nach der Blaupause von Schuberts Sohn Willy

Verbunden waren diese technischen Meisterleistungen mit dem Namen Johann Andreas Schubert. Der Professor für Mechanik und Mathematik am Polytechnikum, dem direkten Vorläufer der TU, war eine der herausragenden Persönlichkeiten der Frühzeit der Industriegeschichte in Sachsen und Deutschland. Er hatte sich auf seinen Studienreisen in England und Frankreich die neuesten technischen Entwicklungen angesehen und versuchte nun, diese als Technischer Direktor und Vorsitzender des Direktoriums der Maschinenbauanstalt hier umzusetzen.

Geboren wurde Schubert am 19. März 1808 in Wernesgrün im Vogtland (Gemälde Geburtshaus), als Kind einer Landarbeiterfamilie. Durch glückliche Umstände erhielt der talentierte Junge eine solide Ausbildung am Leipziger Thomas-Gymnasium und der Dresdner Freimaurerschule. Danach absolvierte er ein Studium im Fach Bauwesen (Baumeister, Architektur) an der Bauschule der Akademie der bildenden Künste zu Dresden. Er war u. a. beteiligt an der Gründung des Dresdner Gewerbevereins, des Sächsischen Ingenieurvereins und der Gewerbeschule. Zudem war er vollziehender Dirigent (Vorsitzender des Aufsichtsrates) der Freimaurerschule. Am 6. Oktober 1870 starb er in Dresden.

Für den Bau der Göltzschtalbrücke im Vogtland, der größten Ziegelsteinbrücke der Welt, wurde eine Kommission ins Leben gerufen, die die Vorschläge zu deren Bau prüfen sollte. In ihr wirkte neben Schubert, der den Vorsitz hatte, u. a. Gottfried Semper mit. Da die eingereichten Vorschläge nicht den Vorstellungen der Kommission entsprachen, erarbeitete er eigene, die in den Bau der Brücke einflossen.

Nach dem Konkurs der Übigauer Maschinenbauanstalt (1841) durch Absatzschwierigkeiten, u. a. auch durch eine Wirtschaftskrise hervorgerufen – Schubert hatte sich zu dieser Zeit bereits aus dem Unternehmen zurückgezogen –, siedelten sich auf dem Gelände zahlreiche Firman an, u. a. auch eine kleine Schiffbauerei, 1873/74 von der Frachtschiffahrts-Gesellschaft Dresden gegründet. Letztere wurde 1877 von der Kettenschleppschiffahrt der Oberelbe zu Dresden (KSO) aufgekauft. Sie betrieb die Werft in Übigau weiter und baute sie systematisch durch Zukäufe aus.

Die Übigauer Werft vor 1900. Die Abbildung stammt aus dem Buch „Die Großindustrie des Königreichs Sachsen", das in Leipzig erschienen ist. Große Unternehmen Sachsens stellten sich hier in Wort und Bild vor und erhielten dann eigene Sonderdrucke, so auch die Übigauer Werft. Deutlich zu erkennen sind die beiden Slip-Anlagen für Neubau und Reparatur (vorn), die bereits

entstandene neue Halle (Mitte, hinten), das Verwaltungsgebäude (rechts daneben) und der Uferkran – noch mit einem Ausleger (unten rechts). Ganz links ist das Schloss mit Park zu sehen, in dem sich zu der Zeit wieder eine Gastwirtschaft befand.

Ab 1881 war der Maschinenbau-Ingenieur Ewald Bellingrath (1838–1903) Generaldirektor der neu gegründeten „Kette, Deutsche Elbschiffahrtsgesellschaft". Unter seiner Leitung wurde die Übigauer Werft schrittweise ausgebaut, eine moderne Slipanlage, neue Gebäude, (Maschinenbau- und Kesselschmiedehalle, Tischlerei, Gießerei, Magazine), die bis heute das Bild prägen, entstanden, man entwickelte neue Produkte. Die Schiffswerft in Übigau avancierte zur größten Binnenwerft Europas und beschäftigte anfangs 800, später bis zu 1.500 Arbeiter, die außer Flussschiffen auch Maschinen für Seedampfer sowie Flussbagger und Dampfmaschinen bauten.
Foto um 1898. Universitätsarchiv der TU Dresden, NL Zeuner, Nr. 06.

1892 ging in der Übigauer Schiffswerft eine „Anstalt zur Prüfung von Schiffswiderständen und hydrometischen Instrumenten" in Betrieb, in der Techniker der Werft mit Wissenschaftlern der Technischen Hochschule (heute TU) eng zusammenwirkten. In einer für die damalige Zeit einmaligen Kooperation von Hochschule und privater Wirtschaft entstand auf Initiative des 1890 auf den neu gegründeten Lehrstuhl für Wasserbau berufenen Hubert Engels eine Anlage, die zu den größten und modernsten ihrer Zeit zählte. Sie blieb bis zur ersten Schließung der Werft bestehen. Das Becken diente den Übigauer Kindern noch nach dem Krieg zum Baden.

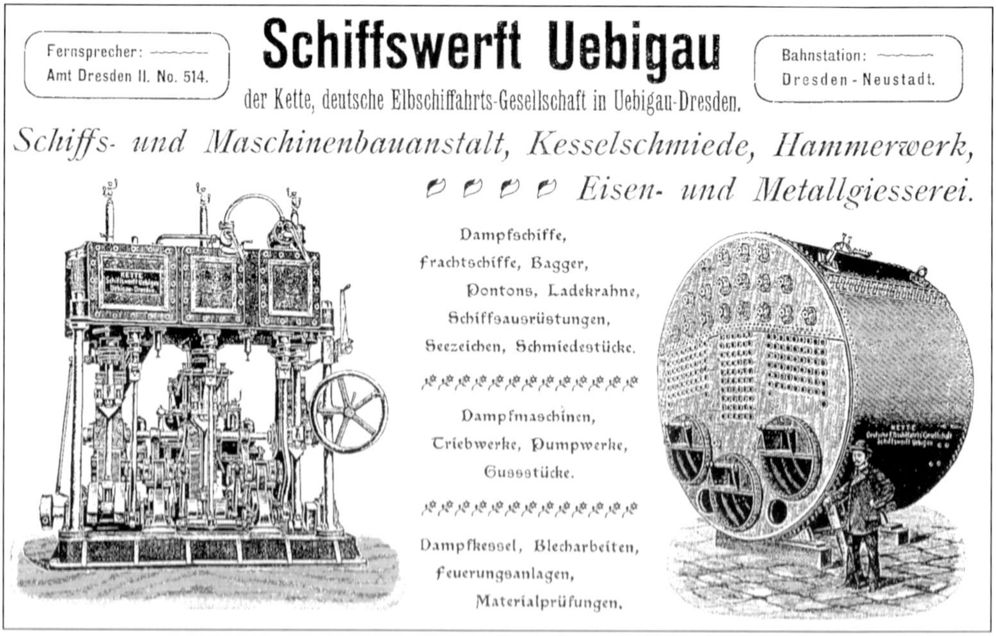

Anzeigen der Übigauer Werft vor 1930. Die Produktpalette hatte sich wesentlich erweitert. Neben Schiffsneu- und -umbau sowie Schiffsreparatur und -ausstattung stellte man auch verschiedene Bagger her (unten, Anzeige von 1922). Daneben blieb die Produktion von Dampfkesseln aller Art ein wichtiger Zweig.

Blick über die Slipanlage der Werft zur Übigauer Allee im Ostragehege.

Ewald Bellingrath bemühte sich um geeignete Vortriebmittel zur Anpassung der Elbschiffe an die üblichen Niedrigwasserbedingungen. Der Hydromotor, Erfindung des Dresdners Dr. Emil Fleischer, hatte sich nicht bewährt. Das Schiff verbrauchte erheblich mehr Dampf als eine normale Expansionsmaschine. Einige Jahre später ermöglichte Bellingrath es dem Dresdner Professor Gustav Zeuner, seine Erfindung eines „Turbinenpropellers mit Kontraktor" ausführen und erproben zu lassen. Als erstes Versuchsschiff diente der 1888 gebaute Schraubendampfer „Elbfee".

Die Arbeiter für die Übigauer Schiffswerft kamen aus ganz Deutschland. Friedrich Dietrich, geboren 1875 in Stettin, absolvierte seine Ausbildung zum Holz- und Stahlschiffbauermeister auf der dortigen Werft, zog mit seiner Familie über

Breslau, wo es um die Wende vom 19. zum 20. Jahrhundert auch eine große Binnenwerft gab und kam schließlich nach Übigau. Hier ließ er sich mit seiner Frau und den zwei Söhnen Carl und Heinrich nieder. Er arbeitete bis zur Stilllegung 1930 in der Übigauer Werft.

In den Geschäftsberichten der KSO und der Kette von 1879 bis 1885 sind die Zahlen der Arbeiter nach Gewerken ausführlich aufgelistet. Diese haben sich bis 1884 jährlich kontinuierlich erhöht, von 152 auf 342. Neben Holz- und Stahlschiffbauern waren Zimmerleute, Tischler, Schmiede, Kettenschmiede, Maschinenbauer, Dreher, Hobler, Bohrer, Klempner, Maler, Lackierer und Handarbeiter beschäftigt. In einigen der genannten Bereiche wurden auch Lehrlinge ausgebildet. Die detaillierten Angaben sind allerdings nur für den genannten Zeitraum vorhanden.

Die Übigauer Werft-Feuerwehr, deren genaues Gründungsdatum leider unbekannt ist, hatte vor dem Schloss Aufstellung genommen. Interessant auf diesem Foto ist der Hintergrund. Hier kann man die zu dieser Zeit auch im Erdgeschoss offenen Galerien erkennen.

Die feschen Herrn vom Gesangverein der Werft hatten ebenfalls vor dem Schloss Aufstellung genommen. Offensichtlich waren sie nicht nur zum Singen hier, sondern auch dem in der Schlosswirtschaft ausgeschenkten Bier zugetan.

Schon ab 1783 gab es im Übigauer Schloss eine von den Gärtnern betriebene Wirtschaft, die sich bei den Dresdnern großer Beliebtheit erfreute. Nach den Zerstörungen von 1813 wurde sie allerdings nicht mehr betrieben. Erst mit dem Verkauf an Paul Siemen 1831 erweckte man sie zu neuem Leben. Mit der Gründung der Maschinebauanstalt ging diese Episode allerdings für längere Zeit zu Ende. Nach dem Konkurs der Übigauer Werkstätten wurde das Schloss an die Familie von Oppen verkauft, die es von 1854 bis 1886 nutzte. Nach dem Tode des Familienoberhauptes kaufte die Werft bzw. die „Kette" das Schloss und verpachtete es zum Zwecke einer erneuten Nutzung als Gastwirtschaft.

Die gute Verkehrsanbindung durch Straßenbahn und Fähre und die rasante Zunahme der Bevölkerung in den umliegenden Orten sorgten für regen Andrang in der Übigauer Schlossschänke. Sicher trug auch die Nachbarschaft der Werft dazu bei, da viele Arbeiter mit ihren Familien in der Nähe wohnten. Die Vereine nutzten die Schlossschänke ebenfalls für ihre regelmäßigen Treffen und Versammlungen. Möglicherweise bewirtete auch die Werft ihre Gäste in der nebenan liegenden Lokalität. Dafür gibt es aber bisher noch keine Beweise.

Ob die Schlossschänke sich wirtschaftlich lohnte, ist leider nicht festzustellen. Die Eigentümer allerdings wechselten in recht kurzer Folge: Emil Liebert (1899), Gustav Bakasch (1907), Oskar Bernhardt (1910). 1916, mitten im Ersten Weltkrieg, schloss die Schlossschänke endgültig. Nach einiger Zeit des Leerstandes richtete die Werft, nach wie vor Eigentümer des Gebäudes, 1921 im Schloss einen Zeichensaal ein und brachte Verwaltungsräume unter. Das blieb so bis zum Konkurs der Übigauer Werft 1930.

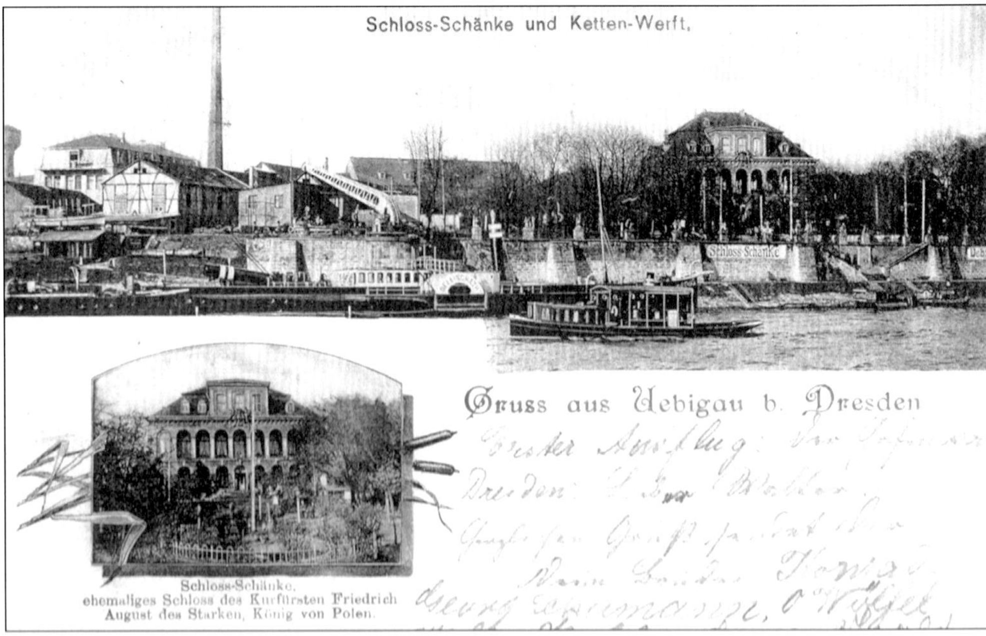

Die Nähe von Werft und Schloss bzw. Schlossschänke schien für die Betreiber der Wirtschaft und deren Gäste kein Problem zu sein. Auf vielen Postkarten wurde gerade mit dieser Gemeinsamkeit geworben. Allerdings gab es auch sehr geschäftstüchtige Wirte, die das Schloss kurzerhand „der Cosel" zusprachen, der berühmtesten Mätresse Augusts des Starken. Dem stehen aber die historischen Fakten entgegen, denn als der Grundstein für Schloss Übigau 1726 gelegt wurde, war die Reichsgräfin von Cosel schon einige Jahre auf der Festung Stolpen inhaftiert, die sie bekanntlich auch nicht mehr verließ.

Am 21. November 1898 wurde – initiiert durch den Übigauer Schulleiter Bernhardt – in der Schlossschänke der Turnverein „Wettin“ gegründet. Zur 1. Hauptversammlung am 21. Januar waren 20 Mitglieder anwesend. Diese wählten den Werftbeamten Johannes Rößler zum 1. Vorsitzenden, Lehrer Emil Thieme zum Turnwart. Das Grundvermögen des Vereins bestand anfangs aus einigen Hundert Mark. Am 16. und 17. September 1922 erhielt der Turnverein Dresden-Übigau eine neue Fahne, zu deren Weihe die abgebildete Festschrift entstand.

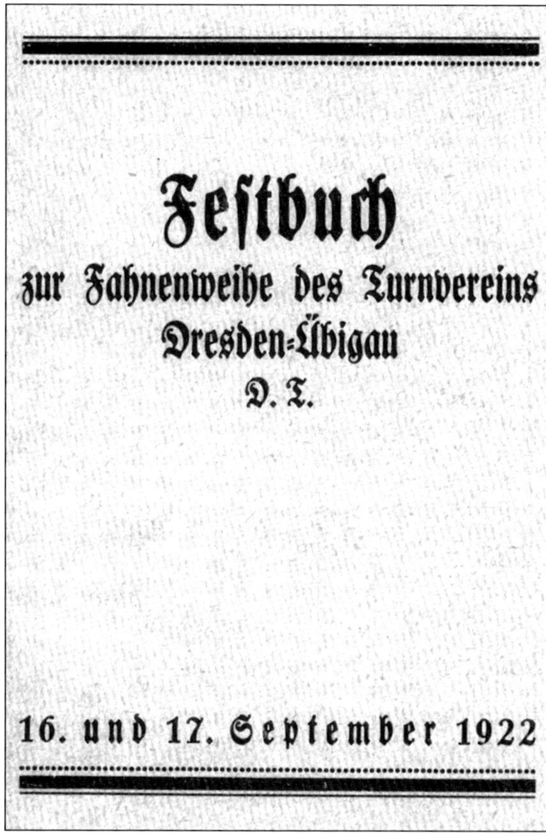
Festbuch
zur Fahnenweihe des Turnvereins
Dresden-Übigau
D. T.
16. und 17. September 1922

Übigau mit dem Großbetrieb Schiffswerft hatte auch eine gut organisierte Arbeiterbewegung. Diese fand sich in verschiedenen Vereinen zusammen, wie bspw. dem Sportverein. Doch auch an diesem gingen die kompromisslos geführten Auseinandersetzungen der damaligen Zeit um den richtigen Weg zu sozialen Veränderungen nicht vorüber. 1928 kam es zum Ausschluss der kommunistisch orientierten Sportler. Im Jahr darauf gründeten sie mit dem Zentralverein für Arbeitersport 1885 ihren eigenen Verein. Dieser zählte mit seinen bald tausend Mitgliedern zu den großen in Dresden.

Der Zentralverein hatte verschiedene Abteilungen, z. B. Turnen, Jiu-Jitsu und – wie auf dem Foto zu sehen – natürlich auch Fußball. Durch den Ausschluss aus dem alten Verein war der Zugang zu den Räumen und Sportanlagen nicht mehr möglich. Zwar konnte man an der Washingtonstraße Gelände für einen Sportplatz erwerben, aber genauso nötig war ein Vereinsheim. Der Zufall kam zu Hilfe. Die Werft war 1930 in Konkurs gegangen und das Schloss, Eigentum der Werft, stand zum Verkauf. Curt Gäbler, ein Abbruchunternehmer aus Weinböhla, erhielt den Zuschlag. Der Sportverein einigte sich mit ihm, pachtete Schloss und Park und setzte es instand.

In einem Grundbucheintrag vom 19. Oktober 1932 ist zu lesen: „Die Hälfte des Grundstücks ist dem Zentralverein für Arbeitersport Dresden 1885 e.V." aufgelassen worden. Für die Instandsetzung und Erhaltung des Schlosses wurden bis 1933 über 40.000 RM ausgegeben. Der Verein hatte die Hälfte des Grundstücks bereits bezahlt, was allerdings nicht bedeutet, dass er hier auf ewig bleiben konnte. Mit der Machergreifung Hitlers begann die Verfolgung der Andersdenkenden. Einen Tag vor Fastnacht 1933 wurde das Sportheim von der Polizei besetzt, versiegelt und für aufgelöst erklärt. Am Morgen des 26. Juni 1933 umstellten Polizei und SA Übigau, Arbeiter wurden verhaftet und in das Schloss verschleppt, geprügelt, misshandelt, getreten, abends ins Polizeipräsidium und wenige Tage später ins KZ Hohenstein gebracht.

Nachdem das Werftgelände viele Jahre leer gestanden hatte, Maschinen und Anlage zerstört oder entwendet worden waren, kauften die Gebrüder Birke die Gebäude und das Gelände des späteren Dampfkesselbaues und gründen die Firma Dampfkesselfabrik Übigau, Wasserreinigungsbau und Elektroschweißgesellschaft m.b.H. Die Familie erwarb gleichzeitig das Schloss und nutzte es als Wohnhaus. Zu besonderen Anlässen fanden im Park Bälle und ähnliche Veranstaltungen statt. Im gleichen Jahr wagten drei ehemalige Ingenieure der Werft (Wieschmann, Pattschull und Weydig) einen Neuanfang. Sie erwarben die andere Hälfte des Geländes und gründeten mit der Übigau-AG Schiffswerft, Maschinen- und Kesselfabrik ein neues Unternehmen. Man stellte Dampfkessel, später U-Bootteile her. Damit entstanden auf dem Gelände der Werft zwei Betriebe, die unabhängig voneinander produzierten.

Werft und Dampfkesselbau wurden während mehrerer Bombenangriffe im Januar und März 1945 stark zerstört. Im Mai 1945 beschlagnahmte die Sowjetische Militäradministration (SMAD) die Firma. Zwischen reparationsbedingter Demontage und Wiederaufbau lief die Produktion an. Beim Volksentscheid zur Übergabe der Betriebe von Nazi- und Kriegsverbrechern am 30. Juni 1946 lag der Anteil der Ja-Stimmen in Übigau, Kaditz und Mickten mit 81,6 Prozent noch deutlich über dem Landesdurchschnitt von 77,7 Prozent. Dampfkesselbau und Werft wurden 1947 enteignet und als VEB weitergeführt.

2000 übernahm die Fa. Siempelkamp Nukleartechnik GmbH die Dampfkesselsparte, Kern der einstigen Produktion, und versuchte, im Dresdner Industriegelände eine moderne Kesselproduktion zu etablieren. Im Jahr darauf ging der verbliebene Restbetrieb in Insolvenz. Im Sommer 2000 wurde die Firma HSI Turbinenstahlbau Dresden Übigau GmbH gegründet. Fachkräfte aus dem früheren Dampfkesselbau wurden nahtlos in die neue Firma übernommen. 2010 feierte der Betrieb mit nunmehr ca. 50 Angestellten sein 10. Firmenjubiläum. Neben der Fertigung von modernen Wasserkraftturbinen produziert man heute in Übigau immer noch Dampfkessel, Geräte der mechanischen Wasserreinigung und diverse Druckbaugruppen für Kraftwerke und setzt damit die 180-jährige Tradition fort.

1987/88 erhielt der DKÜ einen besonderen Auftrag. Anlässlich des 150. Jubiläums der Eröffnung der ersten deutschen Ferneisenbahn im April 1989 sollte in Riesa, dem „Mittelpunkt“ der Strecke Dresden–Leipzig, ein großes Eisenbahnfest stattfinden. Dazu war auch eine Parade historischer Eisenbahnfahrzeuge geplant. Höhepunkt dieser Parade sollte die legendäre Lokomotive „Saxonia“ sein. 1839 hatte Professor Johann Andreas Schubert die „Saxonia“ höchst persönlich gefahren und war unter großem Jubel in Leipzig angekommen.

Da die Saxonia rund 30 Jahre nach ihrer Indienststellung verschrottet worden war, kam nur ein Nachbau in Frage, den Reichsbahndirektor Heinz Schnabel (Foto oben) leitete. Er suchte Partner, was unter den Bedingungen der DDR-Wirtschaft nicht so einfach war. Übigau, der Geburtsort der Lokomotive, wo immer noch Dampfkessel hergestellt wurden, stand dabei natürlich an oberster Stelle. So entstand hier der neue Kessel für die alte Lokomotive, nicht ganz detailgetreu, denn er ist nicht genietet, sondern verschweißt. Ansonsten legte man aber Wert auf das originale Aussehen.

Das Reichsbahnausbesserungswerk (RAW) Halle baute die „Saxonia" zusammen. Unzählige Arbeitsstunden waren dazu notwendig, zahlreiche Teile mussten – meist in Handarbeit – angefertigt werden. Und dann war es soweit. Die stolzen Erbauer konnten die fertige, fahrtüchtige und munter fauchende Lokomotive gemeinsam mit rund 300.000 Besuchern aus allen deutschsprachigen Ländern ein ganzes Wochenende lang bewundern. Inzwischen ist die „Saxonia" bei vielen Anlässen zu sehen gewesen. Ein Ereignis wird aber wohl einmalig bleiben: Im Sommer 2008 stand sie – Dank des Engagements der BI Schloss Übigau und der Deutschen Bahn AG – über eine Stunde vor dem Schloss Übigau.

Die in den 1860er-Jahren errichtete Pionierkaserne war eines der markanten Gebäude Übigaus. Sie diente allerdings nur sehr kurze Zeit ihrem eigentlichen Zweck, denn schon 1879 wandelte man das Gebäude in ein Wohnhaus um, da zu dieser Zeit die neue Pionierkaserne in der Albertstadt, auf der heutigen Königsbrücker Straße, entstanden war.

Bei Betrachtung der Relationen zwischen Schloss und Kaserne kann man feststellen, dass diese zu Ungunsten des Schlosses ausfielen. Das Kasernengebäude, im Volksmund auch großes Haus genannt, war inzwischen in einem desolaten Zustand, der eine umfassende Sanierung erfordert hätte. Zugunsten der Herstellung der alten Blickbeziehungen hat man sich jedoch entschlossen, das Gebäude abzureißen. Im April 1989 wurde es gesprengt.

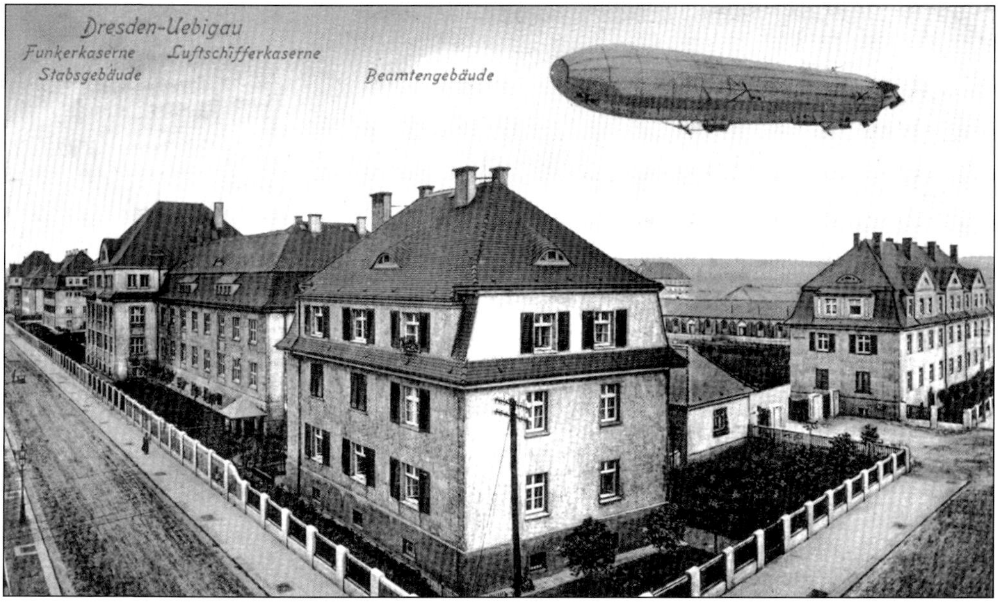

In den Jahren 1913/14 entstand in Übigau für den neu angelegten Kaditzer Luftschiffhafen eine Kasernenanlage mit mehreren ansehnlichen Wohn- und Unterkunftsgebäuden im Jugendstil, Ställe, eine Reit- und eine Turnhalle sowie ein eigenes Elektrizitätswerk. Die Erdarbeiten führte das Dresdner Unternehmen Wilhelm Seifert aus, für die Mehrzahl der Hochbauten war die Firma Gerstenberger & Döhler verantwortlich. Während des Ersten Weltkriegs bildete man Nachrichtensoldaten aus. In den 1930er-Jahren war in der Kasernenanlage die Nachrichtenabteilung 4 stationiert, die hier eine Funksendestelle betrieb. Nach dem Einmarsch der Roten Armee bezogen ein Nachrichten- und ein Pontonbrückenregiment (zur strategischen Elbquerung) die Kaserne. Für den Aufbau einer Nachrichtenzentrale nutzte man auch die vorhandenen Anlagen der Wehrmacht.

Im Frühjahr 1993 folgte die Räumung des Geländes. Weitreichende Pläne zur Nachnutzung, z. B. als Seniorenwohnanlage, scheiterten an der Finanzierung. Die Umgestaltung des Areals mit seinen denkmalgeschützten Gebäuden zieht sich bis in die Gegenwart hin. 1997 ließ die Stadt Dresden eine neue Feuerwache errichten, im August 2002 riss man das erste Kasernengebäude ab, dem im Herbst 2004 der Kasernenkomplex an der Washingtonstraße folgte. Am 6. Mai 2003 demontierte man zwei Stahlgittermaste der Richtfunkstelle.

Die Arbeit der Schiffbauer war hart. Zur wesentlichen Erleichterung trug deshalb der Uferkran bei, den die Hamburger Firma Kampe und Nagel 1891 nach dem Patent des englischen Ingenieurs Fairbanks baute. Später noch um einen zweiten Ausleger mit Gegengewicht erweitert und 1903/04 elektrifiziert, konnte die Tragfähigkeit des Krans nun von 25 auf 35 bis 45 Tonnen erhöht werden, wie unterschiedliche Quellen belegen. Noch bis in die 1960er war er im Einsatz zum Entladen der schweren Stahlplatten für die Transformatorengehäuse, danach bestand er weiter als technisches Denkmal. Nach der Wende sollte er abgerissen werden, was Bürgerproteste verhinderten. 2005 saniert und 2009 verkauft, verblieb er aber an seinem Standort.

Großartig waren die Pläne Augusts des Starken zur Gestaltung seiner beiden Hauptstädte Dresden und Warschau. Ihm schwebte eine Symbiose von Architektur und Landschaft vor. Drei vierreihige Alleen im Ostragehege, deren gedachter Schnittpunkt die Mitte der Augustusbrücke bildet, führten in die freie Landschaft. Die im Norden angelegte Pieschener Allee, eine doppelreihige Lindenallee, ist heute noch fast vollständig erhalten und als Flächennaturdenkmal geschützt. Im Süden führte die heute nur noch teilweise erhaltene Übigauer Allee in Richtung des Übigauer Schlosses. Zwischen diesen beiden Alleen lag die Hirschallee, die wahrscheinlich nie endgültig fertig wurde. Für jede der bestehenden Alleen gab es einen point de vue (Blickfang). Für die Pieschener Allee war es das Spitzhaus in Radebeul. Diese Blickbeziehung ist heute durch die Bebauung der letzten Jahrhunderte nicht mehr wahrnehmbar. In der Sichtachse der Übigauer Allee plante Flemming das Schloss, wie er in dem schon zitierten Brief vom 15. März 1724 an August II. schrieb. Da es von dieser Sichtbeziehung keine historische Aufnahme gibt, sei an diese Stelle eine aus dem Jahre 2005 eingefügt.

Nach dem Erwerb von Schloss Übigau durch August den Starken ließ dieser den Park zur Elbe hin öffnen und mit einer zweiflügligen Freitreppe versehen, die bis zur Elbe führte, wo sie in einer Anlegestelle für die Schiffe und Gondeln endete. Augusts großer Traum vom sächsischen Venedig mit einem Canale Grande hatte damit nach Pillnitz seinen zweiten, nördlichen Endpunkt gefunden. Entlang des Flusses sollten noch weitere prachtvolle Schlösser und Palais entstehen und das Trennende des Stromes überwinden. Dies blieb ein Traum. Man konnte nun aber stromabwärts mit den Gondeln von der Residenz fahren oder am Ende der Allee mit der Fähre nach Übigau übersetzen.

Die Übigauer Fähre war eine von vielen, die es in den jetzigen Stadtgrenzen zwischen Pillnitz und Kaditz entlang der Elbe gab. Heute existieren davon lediglich noch zwei, in Pillnitz und Johannstadt. An die Pieschener Fähre, die viele Generationen durch die Familie Jacob betrieben und 1994 stillgelegt wurde, erinnern sich noch viele alte Dresdner. Die Übigauer Fähre ist inzwischen völlig in Vergessenheit geraten, obwohl sie nachweislich fast 200 Jahre existierte. Unterhalb des Schlosses, neben der Freitreppe, brachte sie Spaziergänger entweder zu „Onkel Toms Hütte" ins Ostragehege oder in die Übigauer Schlosswirtschaft und den Gasthof.

Das Ende der Übigauer Fähre war mit dem Bau der Kaditzer Brücke vorherbestimmt. Zur Erschließung eines geplanten Industriegebietes auf dem ehemaligen Flughafengelände errichtet, befindet sie sich eigentlich auf Übigauer Flur. Oberbürgermeister Blüher weihte die sechste Dresdner Brücke – sie war damals eines der modernsten Bauwerke Europas – am 1. Oktober 1930 nach mehrmonatiger Bauzeit ein. Sie verbindet die Stadtteile Kaditz/Übigau mit Cotta. 1984 erhielt die Brücke den Namen Rudolf Renners, wurde von den Dresdnern aber immer nur Flügelwegbrücke genannt. Ab 1994 war dieser Name offiziell. Zwischen 2001 und 2004 ersetzte man die Blechträgerkonstruktion durch einen Neubau.

Auch wenn die Übigauer Fähre ihren Betrieb einstellen musste, die Schifffahrt blieb noch einige Zeit für Übigau bestimmend. Die Schaufelraddampfer der Dresdner Weißen Flotte machten bei ihren Fahrten nach Meißen und Riesa noch bis Anfang der 1940er-Jahre in Übigau halt. Die Anlegestelle befand sich zwischen Schloss und Altübigau.

Von der Fähre bzw. Schiffsanlegestelle führte ein Durchgang (rechts neben der Kaserne) direkt zum Kaditzer Flughafengelände. Wer nicht so weit wollte, konnte auch im Übigauer Gasthof einkehren, dessen Werbung schon von der Elbe aus zu sehen war.

3

Geschichte der Lindenschänke

Die „Lindenschänke“ ist älter als die Angaben der Urkunde, die vorgelegt werden kann. Sie ist mit großer Wahrscheinlichkeit aus dem Reiheschank der Gemeinde Mickten hervorgegangen. Es war Brauch, dass das Schankrecht alle zwei bis drei Jahre an ein anderes Gemeindemitglied weiter gegeben wurde.

1862 wurde das Recht des Reihenschanks durch den Gemeinderat für 30.000 Taler an Johann Gottlieb Selle verkauft. Über die Gründe für diese Entscheidung liegen keine Aussagen vor. Am 18. Oktober des gleichen Jahres bekam Selle von der Königlichen Amtshauptmannschaft Dresden die Befugnis zum „Bier- und Branntweinausschank“. Sein Sohn Wilhelm, der die Gaststätte von ihm übernahm, musste einen neuen Antrag stellen, der am 1. Juli 1876 bewilligt wurde.

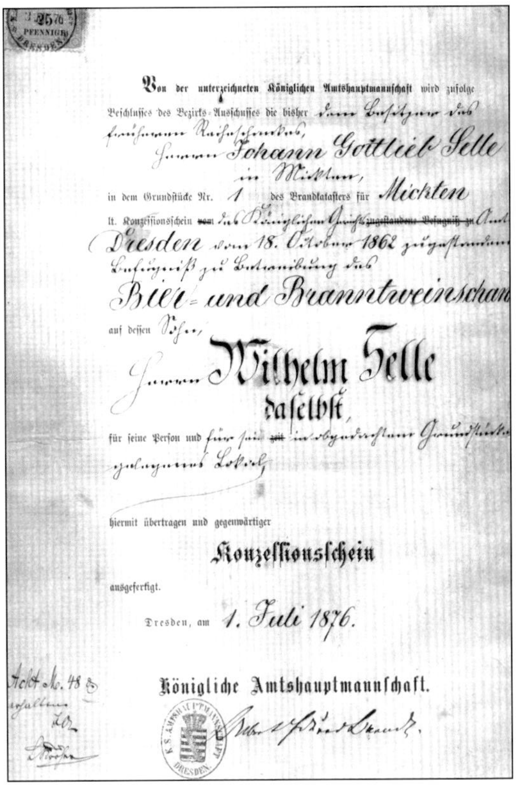
25 PFENNIG DRESDEN

Von der unterzeichneten Königlichen Amtshauptmannschaft wird zufolge Beschlusses des Bezirks-Ausschusses die bisher dem Besitzer des früheren Reiheschankes,

Herrn Johann Gottlieb Selle in Mickten,

in dem Grundstücke Nr. 1 des Brandkatasters für Mickten lt. Konzessionsschein ~~vom~~ der Königlichen Gerichts~~zugestandene Befugniß zu~~ Amt Dresden vom 18. October 1862 zugestandene Befugniß zu Betreibung des Bier- und Branntweinschank[s]

auf dessen Sohn,

Herrn Wilhelm Selle daselbst,

für seine Person und für sein ~~zu~~ in obgedachtem Grundstücke gelegenes Lokal,

hiermit übertragen und gegenwärtiger

Konzessionsschein

ausgefertigt.

Dresden, am 1. Juli 1876.

Königliche Amtshauptmannschaft.

K. S. AMTSHAUPTMANNSCHAFT DRESDEN

Act No. 48

Die „Lindenschänke“ könnte so mache Geschichte erzählen: Von den Verhandlungen mit den ansässigen Bauern über den Bau der Flutrinne, die 1921 in der 1. Etage des Gasthauses stattfanden, von der Einweisung französischer Kriegsgefangener 1944, die im Autoreparaturwerk Mickten arbeiten mussten oder all den Hochwassern, die sie erlebte. 1891 stand das Wasser bis auf Dorfplatzmitte, 1920 schwappte es durch den Gaststubenfußboden, 1958 stand der Keller unter Wasser, 1981 der Garten.

Bis zum 31. März 1993 betrieb Günter Moritz, Nachkomme von Selle, die Lindenschänke, dann musste er aus gesundheitlichen Gründen aufgeben. Damit endete eine 130-jährige Familiengeschichte. 1997 verkaufte er das Haus, nach dem es einige Jahre dem Verfall preisgegeben war, an den bekannten Dresdner Gastronomen Gerd Kastenmeier. Der ließ es umfangreich sanieren und eröffnete die Lindenschänke am 14. November 1998 nach achtmonatiger Bauzeit wieder als bayrisch-sächsisches Restaurant.

Beim August-Hochwasser 2002 war der Keller mit den technischen und sanitären Anlagen komplett überflutet, im Erdgeschoss stand das Wasser fast einen Meter. Die „Lindenschänke" musste noch einmal gründlich saniert werden. Seit Mitte August 2010 betreibt Gerd Kastenmeier das Haus nicht mehr selbst, sondern hat es verpachtet.

Am 1. Januar 1903 wurden sieben Gemeinden Teil der Landeshauptstadt Dresden, darunter auch Kaditz, Mickten und Übigau. Dresden hatte große Pläne mit den neuen Flächen, wollte es für Gewerbeansiedlungen und neue Wohngebiete oder – wie im Falle von Kaditz – den Bau der dringend notwendigen städtischen Kläranlagre nutzen. Dr. Beutler, zu dieser Zeit Oberbürgermeister, hatte in langen und zähen Verhandlungen die Bedingungen ausgehandelt, unter denen diese ehemals selbständigen Gemeinden nach Dresden kamen. Während Pieschen (bereits 1897 eingemeindet) und Trachau ihren dörftlichen Charakter weitgehend einbüßen, blieb er in Kaditz und Mickten nahezu vollstandig und in Übigau zu großen Teilen erhalten. So ganz glücklich über ihr Dasein als neue Dresdner Bürger waren diese wohl schon bei der Eingemeindung nicht, wie obige Karte beweist.

DIE REIHE

Archivbilder

EIN HISTORISCHER SPAZIERGANG ZWISCHEN ALT-MICKTEN UND ÜBIGAU

Die „Saxonia-Mühle und Brotfabrik“ befand sich auf dem Grundstück der ehemaligen Micktener Windmühle. Sie war eine der bekannten und renommierten Firmen in Dresden. Wie auf dem Bild zu erkennen, buk man hier nicht mehr in der kleinen Stube des Bäckermeisters, sondern mit Hilfe zahlreicher Großgeräte.